# 无内容不电商
## 电商内容运营指南

胡敏 ◎ 编著

从2018年开始，我们在电商行业听到最多的一个词就是"内容运营"。而在2019年，淘宝App更是将80%的页面用于内容化运营，如今，淘宝App上50%的成交都来自于内容转化，未来占比还会越来越高。搜索和活动流量的不断减少，已将电商内容化提升到电商行业未来长期核心战略的高度，而大部分的电商却依然还在使用早已过时的老方法，或者想要改变却不得其法，无法适应时代的变化。

本书详细披露了在内容为王的趋势下，如何利用这些变化让电商生意少走弯路，快速翻盘，在消费升级新时代下成功突围，在未来立于不败之地。学会驾驭"内容营销"，通过本书提出的4大成交体系、6大流量体系轻松让产品销量翻倍，在海量同款产品中实现弯道超车。记住：电商其实就是卖内容！

## 图书在版编目（CIP）数据

无内容不电商：电商内容运营指南 / 胡敏编著 . — 北京：机械工业出版社，2020.2

ISBN 978-7-111-64536-8

Ⅰ.①无… Ⅱ.①胡… Ⅲ.①电子商务 – 运营管理 Ⅳ.①F713.365.1

中国版本图书馆 CIP 数据核字（2020）第 011101 号

机械工业出版社（北京市百万庄大街 22 号　邮政编码 100037）
策划编辑：蔡欣欣　　　　责任编辑：蔡欣欣　侯春鹏　廖　岩
责任校对：宋逍兰　张　薇　责任印制：张　博
北京铭成印刷有限公司印刷
2020 年 4 月第 1 版第 1 次印刷
170mm×240mm・11.75 印张・162 千字
标准书号：ISBN 978-7-111-64536-8
定价：69.00 元

电话服务　　　　　　　　　网络服务
客服电话：010-88361066　　机 工 官 网：www.cmpbook.com
　　　　　010-88379833　　机 工 官 博：weibo.com/cmp1952
　　　　　010-68326294　　金　书　网：www.golden-book.com
**封底无防伪标均为盗版**　机工教育服务网：www.cmpedu.com

# 前言
Preface

"做淘宝就是刷单嘛！"

一个之前在淘宝混了七八年的人跷着二郎腿，吐着烟圈跟我吹嘘他的成功之道。

我继续问："淘宝难道不抓吗？被降权封店了怎么办？"

"这没事啊，重新开个店继续刷呗！"他瞥了我一眼，眼神中露出鄙夷。

"哦，那你现在应该干得不错吧？"我又问道。

"现在这个行业快被我们搞死了，准备换个行业。"他打了个哈欠，不以为意地回答。

……

这是一段真实的对话，持这种观点的并非只有他一个人，这代表了相当大一批所谓的"技术流"的真实想法。他们不是在做生意，只是在做项目，一个项目黄了没事，换一个就是了。

如果说这种做法在5年前还能做得风生水起，那么到了内容当道的今天，已经走到了穷途末路。"技术流"已经无人再谈，内容的规则、玩法、资源成了主角。

我是从2016年6月淘宝直播刚推出的时候就开始尝试内容化运营的，可以说是淘宝最早的一批专注内容营销的达人玩家。

当时我们的产品刚出来，由于我们只是一个小品牌，不能够像大品牌那样烧钱买流量。而且产品也没有价格优势，市面上卖得最好的几款同类产品价格仅仅是我们的三分之一。当然不管在设计上还是在质量上，我们的产品都要更好。我们相信，在国人消费能力越来越强的背景下，淘宝不再是只能卖便宜货比价的地方了。

在没有价格优势，资金投入也不足的背景下，我们觉得如果按照传统的模式来做会比较吃亏，所以我们判断内容是一块被忽视的、正在崛起的处女地，深入挖掘一下可以实现以小博大。于是开始研究，在这个过程中，整个思维慢慢开始改变。那时候，什么种草、安利、人设、故事、颜值、包装都是我们经常挂在嘴上的词。

当然，做内容首先是把产品本身的内容做好，所以我们在宝贝详情页上面下了很大的功夫。

我们找了最好最贵的产品拍摄机构，把图片拍到最吸引人，然后花大价钱请总监级别的设计师去设计我们的详情页，整个页面看上去像一个正规的品牌，而不是谁都不太知道的小品牌。

我们在产品的痛点和文案方面也下了很大的功夫，以免我们的详情页让人看上去感觉不太接地气，而且我们会一直寻找客户的反馈，以及竞争对手的变化，然后去不断优化产品。

同时，我们还设计了视频的脚本，找专业机构给产品拍了非常有吸引力的短视频放在头图位置和详情页。

为什么我们要花这么大的力气，把这些地基打扎实？目的就是让我们后面花大力气做的内容营销引来的流量更有价值、转化率更高，我们需要将我们的每分钱都花在刀刃上。

基础打牢靠之后，我们就开始热火朝天地布局达人渠道和直播资源。

说实话，我们刚开始做这块一点把握都没有。记得第一次找主播投放，那个主播粉丝很多，播一场就要花2000元，确定合作后还挺紧张的，因为不知道最终效果怎样。当天晚上直播，我们特意多安排了一位客服，让她们准备好，告诉她们可能会有很多客户过来咨询。然而最终的结果却是泼了我很大一盆冷水，一共就引来了不到10个顾客咨询，仅仅成交了3单。

看着这不堪入目的数据，当时真的有点崩溃、有点怀疑自己了，难道我们做了这么多事情，到头来都是错误的？

当晚，我们几个合伙人商量了一下，觉得不能因为一次的失败就否定自己，肯定是哪里出了问题。淘宝现在既然在大力发展内容，而且内容也是趋势，不可能让卖家吃亏的。

所以我们抱着再试试的心思，又找了一个看上去似乎能带货的主播，这次花费只有500，应该不会有太大效果，所以当时并没有抱什么希望，确定了直播时间后也就不太关注了。

结果到了直播当天晚上，奇迹出现了。

当晚我很意外地接到我们客服的电话。

"什么？5分钟卖了200台？库存没了买家拍不了了？赶紧赶紧，让运营把库存给加上去……"

我高兴得立即蹦了起来。

挂掉电话平复一下心情，又赶紧给运营打电话，然后在公司群里呼吁大家都赶紧去看直播，去引导互动，接着又联系厂家备货，然后研究直播这些套路……就这么折腾了一晚上。

最终成绩，我们当天直播2小时成交了532台，销售额105336元，访客5238人，浏览量14238……

这就是我们第二次做淘宝直播的成绩，大家简直不敢相信自己的眼睛。要知道，我们当时一个月的销售额也就将近20万元的样子。

当我看支付金额数据图的时候，当天的曲线高耸，像一个迷人的小山峰，我真的非常喜欢看到这种曲线。而接下来很快，我们就对于这种曲线习以为常了。

我们不断地寻找好的主播，慢慢地摸索出诀窍，爆灯率越来越高。

我们还发现一个很有意思的规律。在淘宝上能够带货的主播，都是那种大大咧咧的傻大姐形象，很少有那种前凸后翘的惹火主播。性感辣妹的粉丝可能会很多，但多数是"宅男"，都是冲着看美女去的，而不是想要来买产品的；而傻大姐式的主播敢于自黑、放得开，会更容易吸引忠实能产生消费的同性粉丝。

尝到甜头之后，我们又开始不断找达人投放渠道，很快也看到了效果。猜你喜欢、有好货、直播、淘宝头条等各渠道接连"爆破"。

我们经常遇到睡一觉起来就发现某款产品被卖爆了的情况。说实话，很多时候生意好到我们自己也是一脸茫然。我们做的事情其实也很简单，只是在不断地找渠道投入，虽然不是每次投入都会火，但投10个只要有一个能火，我们就赚大了。

由于粉丝量越来越多，我们开始进行微淘的建设。微淘给我们带来的不是流量，而是将好不容易得来的这些粉丝们牢牢地锁住，有时候我们在微淘做一些活动也能获得很好的反馈和成交。

我们都知道淘宝的用户早已停止增长，目前的用户也就只有这么多了，大家都在做零和游戏，并且淘宝还会动态做流量平衡。

所以，我们要从各种不同的鱼塘去捞鱼，把我们的成功模式复制到各个潜在客户众多的地方，增大曝光量。不仅要布局站内渠道，还要布局站外渠道。这样才会永远有新的客户来源，能够不断突破瓶颈。

所以我们开始对站外的流量渠道也进行挖掘，对一些和我们目标人群相关的公众号大号进行投放，建立官方微博、现在还开始尝试抖音……

在这些渠道，我们都通过很小的花费取得了不错的效果，我们现在通过投放引导到公众号的粉丝就有20000多人。

通过以上种种的努力，最后我们很轻松地实现了在短短一年时间内，冲上皇冠，杀进千万级俱乐部，并成为类目第一品牌的奇迹。

事实上，我们取得这样的成绩除了自身的努力和用对了方法以外，更重要的是选择对了方向，获得了很大的流量红利。如今内容的崛起实际上是理性的回归，这标志着电商已经进入成熟期，这个时期除了把图片做好、把文案做好、把视频做好、把内容做好、再也没有捷径。

电商运营最核心的本质就是解决如何做好内容的问题。然后让店铺变得更有趣、更有用，黏着一批粉丝，让他们不断地重复购买，或者转介，卖家们必须把重心全部放在产品、内容和服务上。

图文在手淘各个渠道的布局，整合达人直播+店铺直播双管齐下，从主图短视频到详情视频再到店铺的视频化现在都是商家必备的能力了,要狠抓这几块,这一轮才不会落后。

内容策划,内容设计,流量入口投放……思路决定出路,资源决定结果!

同时,单一渠道为王的时代已经结束。以前大部分卖家在运营上靠技术,现在想把店铺慢慢做好,就需要多元化的渠道布局,扩大你的用户池。一定要知道你的用户喜欢谁,喜欢什么样的明星,喜欢什么样的KOL,喜欢看什么媒体,然后坚决地去触达跟布局。不仅站内内容布局要做好,站外大流量的渠道也需要去尝试。

未来不仅是电商,所有的商业都会是卖内容的,优质的内容就像一粒粒种子一样,撒播到哪里就会在哪生根发芽。这样用内容驱动做生意,你得到的不仅是订单,还有口碑和依赖。

电商一定会逐渐回归到零售业的本质。商家与消费者之间的关系是所有业务的基础。

新事物的出现确实容易让人焦虑,会玩者已经在轻松赚钱,懵懂者发现钱越来越难赚。你唯一能做的就是拥抱趋势、驾驭趋势。要知道,每逢平台变革,都是翻盘的好时机。

现在不是你要不要做内容的问题,而是你要不要活下去的问题。如果你现在还只知道拼命卖货,不去通过内容构建自己与消费者的关系,必定是死路一条。

这是一场内容变革的战役,是一场已经开打而且只会越来越凶残的战役,不少神话已经流传,不少店铺已经死掉;不少店主实现逆袭,不少老人黯然退出。

我们从不了解到开始尝试再到玩转内容,已经通过正确的技巧方法取得了惊人的效果。想知道我们是怎么做到的吗?

立即开始吧!

# 目录

前言

## 01 第1章 Chapter One
## 你靠什么赢得电商的未来 / 001

1.1 正在重构的商业格局，消费升级的底层逻辑 / 001
1.2 消费新趋势下的内容崛起，和价格战说再见 / 004
1.3 内容为王时代下，手淘的自我进化新形态 / 006
1.4 内容化手淘如何抢占用户时间 / 009
1.5 不以卖货为目的的内容营销都是伪营销 / 011
1.6 把握成功关键，内容运营4要素 / 013
1.7 内容运营的3大利器 / 017
1.8 如何完美结合内容运营与店铺运营 / 018
1.9 内容营销全景图，6大手淘千万级流量入口 / 019

## 02 第2章 Chapter Two
## 淘宝就是卖文案、图片和评价 / 024

2.1 月销百万的详情页是如何打造的 / 024
2.2 如何挖掘卖点，写出吸金文案 / 029
2.3 5种让用户情不自禁下单的简单技巧 / 033
2.4 用这5个模板获取信任感，直接套用立即卖成爆款 / 037
2.5 只需做这两件小事，转化率立刻提高50% / 042
2.6 如何让用户主动提供买家秀，提高复购率 / 044

## 03 第3章 Chapter Three
## 如何利用短视频提升50%成交 / 047

3.1 手机也能拍短视频，升级内容实现弯道超车 / 048
3.2 颠覆你的货架思维，短视频思维逻辑 / 049
3.3 利用视频的竖屏思维，让广告效果提升2倍 / 052
3.4 怎样做短视频内容，让用户爽快下单 / 055
3.5 如何免费登上有好货、淘宝头条，让流量滚滚而来 / 058

## 04 第4章 Chapter Four
## 全民直播时代，商家直播营销怎么做 / 061

4.1 5大优势告诉你，不只是大商家需要做直播 / 061
4.2 普通商家如何快速开通直播 / 064
4.3 如何发布第一场直播和预告 / 065
4.4 完成一场能卖货的商家直播仅需简单3步 / 071
4.5 如何获得手淘首页浮现权，暴增免费流量 / 072
4.6 这样的直播套路，竟然能多拿50%订单 / 075
4.7 5招打造超级个人IP，让所有人争抢着买 / 077

## 05 第5章 Chapter Five
## 微淘私域流量攻略，抢占无限免费流量 / 080

5.1 微淘，真正的社区化内容营销平台 / 080
5.2 微淘流量入口及后台管理 / 083
5.3 如何发布一篇能带货的微淘内容 / 088
5.4 进阶：如何持续产出优质的微淘内容 / 094
5.5 微淘内容运营的高级实操攻略和技巧 / 098

# 目录

## 06 第6章 Chapter Six
### 如何寻找能引爆销量的带货电商主播 / 102

6.1 好主播的带货能力胜过明星 / 103
6.2 两种方式快速找到合适的主播 / 106
6.3 5个技巧筛选出能带货的主播 / 107
6.4 资源在手，流量我有 / 113

## 07 第7章 Chapter Seven
### 利用达人日引"1000+"流量 / 118

7.1 让内容达人喜欢你的产品 / 118
7.2 推广费水涨船高？一招让流量达人免费帮你推广 / 120
7.3 主动出击，让达人推荐你的产品 / 124
7.4 商家一定要做"有好货" / 126
7.5 四个步骤教你做好"有好货" / 127

## 08 第8章 Chapter Eight
### 如何利用微信公众号卖货 / 130

8.1 如何找到并筛选出合适的大号 / 131
8.2 如何与上万粉丝的微信公众号分成 / 134
8.3 价值100万元的血泪经验，避过99%的坑 / 136

## 09 第 9 章 Chapter Nine
## 如何利用微博红人、KOL 合作卖货 / 140

9.1 微博红人如何创造年销售额 2 亿元的奇迹 / 141
9.2 红人电商和传统电商的区别 / 142
9.3 如何打造超高流量网红,做红人电商 / 143
9.4 怎样找到合适的红人大 V 一起获益 / 149

## 10 第 10 章 Chapter Ten
## 如何截取抖音短视频红利流量卖货 / 153

10.1 新手入门——如何玩转抖音 / 154
10.2 拍好抖音视频轻松上热门 / 157
10.3 揭秘 3 类最适合卖货的短视频,一周增粉 10 万 + / 160
10.4 涨粉太慢?你不知道的抖音 6 大涨粉手段 / 163
10.5 如何快速把所有粉丝转化为效益 / 164

## 11 第 11 章 Chapter Eleven
## 抖音短视频卖货技巧全攻略 / 167

11.1 做什么内容才能在抖音把货卖疯 / 167
11.2 如何快速通过抖音橱窗开店卖货 / 169
11.3 快速打造赚钱的抖音号实操攻略 / 171
11.4 做抖音爆款的必备工具 / 172

# 第1章 Chapter One
## 你靠什么赢得电商的未来

如今,中国已经成长为全球第二大经济体,中产人群超过3亿人。在未来的10~15年,中产人群会增长到5亿~6亿人,他们对优质产品以及优质服务的需求巨大。

这意味着什么呢?

对商家来说,这意味着国人在消费需求、生活方式和行为态度上会有巨大的变化。尤其是"90后"这批人,讲究的是趣味主义。他们是和互联网一起成长起来的,在生活中不愁吃穿,并且获取资讯的途径非常广泛。他们购买产品更多考虑的是产品"颜值"和是否有趣,是否能让自己与众不同。他们不再把实用放在第一位,会选择好看又好玩的产品。

这些都和我们传统印象中的国人消费方式不一样了。在这样快速变化的环境下,你必须要了解如今和未来的消费趋势并制定有针对性的运营策略。

## 1.1 正在重构的商业格局,消费升级的底层逻辑

消费升级,一般意义上是指消费结构的升级,是各类消费支出在消费总支出中的结构升级和层次提高,它直接反映了消费水平和发展趋势。

在解决了最基本的生理需求后,人们不再只为生活必需品买单,他们有更

多方面的需求。他们更愿意花钱"买时间";吃得越来越健康,变得越来越"挑剔",更喜欢有创意的产品;他们的社会责任感也开始增强;心理健康变得备受关注;中老年人也开始变"潮"了,热衷于保持身体和心理健康,生活更加充实……正如马斯洛需求层次理论所阐述的,人的需求会不断升级。

马斯洛需求层次理论

在笔者看来,消费升级首先是消费环境的升级。比如之前实体店是主要的消费渠道,后来互联网不断发展,人们开始用电脑在网上进行购物。再后来,移动互联网取代了电脑,成为最常见的消费环境。而现在,随着大数据和云计算的崛起,又出现了线上和线下融合的新零售模式,我国的消费环境又将面临新的变化。

除消费环境外,人们的消费能力也得到了大幅度的升级。根据国家统计局发布的数据,2018年,全国居民人均可支配收入28228元,比上年增长8.7%,扣除价格因素,实际增长6.5%。数据表明,自2018年以来,居民收入和消费保持稳定增长。

最后是消费理念的升级,大家都有钱了的同时也更愿意买了,而且把钱花到哪里也有了很大的转变。

以往,消费者追求的主要是4个方面:性价比、产品功能、耐用性、服务。

而在如今消费升级的背景下，消费者的消费理念总的来说逐渐呈现以下几个特征。

**1. 消费者更加追求精神享受**

如今的消费者不太会因为这个产品更便宜而买单，而会选择更适合自己的产品。他们的消费理念更加成熟理性。消费者不会再为打折活动而疯狂，如今淘宝的聚划算、淘抢购的效果也越来越差了。他们可能仅仅是为了支持某个人，或者支持他所代表的某种理念而购买。

**2. 消费者不再迷信大牌**

在消费升级的时代，消费者不再迷信大品牌，所以小品牌更容易依靠自己的特色、新技术和创意来闯出一片天地。这样就造就了大量丰富多彩的产品和服务，让消费者有了更多个性化的选择。

**3. 消费者更在乎品质和"颜值"**

如今，消费者对于产品的品质要求越来越高。在此之上，他们还对产品的颜值有了更高的要求。一个产品的颜值塑造的是产品的个性魅力，展示的是消费者自身的趣味，这些更容易打动他们的心弦。

**4. 消费者为兴趣买单**

随着媒体的高度发达、物质的极大丰富及人们对生活质量要求的提高，大家的兴趣爱好也越来越广泛。人们逐渐组成一个个不同的群体，他们倾向于和与自己有同样兴趣爱好的人交往，并且愿意为自己的爱好花费大量的金钱。

比如很多消费者"一掷千金"地去收集各种各样的鞋子，去学习摄影、钢琴等。一线城市的白领女性有烘焙的爱好，这会让她们产生长期重复购买的行为，从而形成特定的消费习惯。比如她们需要购买各类烘焙原材料、烘焙工具以及花钱上烘焙学习班等，这种类型的消费者对体验和技能的期待很高，她们会在不断学习和坚持的过程中，很自然地完成消费行为。

从阿里巴巴零售平台2016年的数据中也能看出人们为兴趣买单的行为在增多，数据显示，整个淘宝售出垂钓用品3.2亿件；刺绣商品5.1亿件；有超过1300万人购买过滑雪商品；我国的传统乐器琵琶的销量增速超过了4倍；

烘焙类产品每人平均单次消费额增加超过10%。

### 5. 偏爱场景化的消费

场景化的消费扮演着越来越重要的角色。例如，你想要给心爱的人准备一份特别的礼物，通过场景化的表达，宣传一生只能送一次的永生花就正好满足了你的需求。永生花能够在你想要的场景中扮演关键角色，所以你需要它。

另外，人们买衣服不再仅仅要求实用性，而且还需要从不同的场合、自己的审美观、理想的自我形象等方面去考虑。

购买家具、电器的时候，人们考虑的不仅是产品的基本功能，还希望这些产品搭配在一起的时候能够体现某种情景和氛围。

### 6. 倾向于一站式解决问题的消费

人们的时间越来越碎片化，越来越没有耐心，精力也越来越难以集中。因此，消费者更需要一个完整的解决方案，而不仅是一个产品。消费者更倾向于去那些能够一站式解决问题的地方购买，并且他们更容易去购买那些高性价比的、可以全面解决问题的产品组合。

### 7. 偏爱个性化的产品和服务，追求与众不同

在消费升级的背景下，消费者的消费类型越来越个性化，大家都在追求与众不同。消费者希望通过购物来展示自我，达到精神上的满足。

他们经常挂在嘴边的一句话是"我喜欢的就是最好的""千金难买我乐意"。他们对商品或服务的情感性、夸耀性及符号性价值的要求超过了对商品或服务的物质性价值及使用价值的要求。

消费升级趋势的核心是消费需求的变化。我们现在可以很明显地看到一些耐用消费品的销售市场已逐步呈现饱和趋势。企业只有顺应这些变化，向高层次、高质量、个性化、多元化的方向引导消费服务才能在市场中立于不败之地。

## 1.2 消费新趋势下的内容崛起，和价格战说再见

随着消费升级的发展，低价促销这种玩法的弊端越来越明显。消费者对便

# Chapter One
## 第 1 章
### 你靠什么赢得电商的未来

宜的产品越来越不感冒，商品太多、太杂很难筛选。产品价格波动太大、消费者对平台不信任，养成比价的习惯，对商家与品牌缺少黏性。对商家来说，竞争越来越激烈，产品价格越降越低，利润越来越少，经常性的亏本促销已经很难保证盈利。

在这种情况下，商家逐渐意识到以往的模式已经行不通了，他们开始找新的出路。这个时候，商家发现越来越多的人因为某篇爆款文章、小视频或网红的推荐而产生购买欲望进而产生成交。

新的内容模式已经崛起，商家发现可以通过内容与消费者产生更多的共鸣，充分满足他们的需求。同时，可以通过内容更多地与消费者展开情感方面的沟通和互动，并与用户建立深厚情感，以此来构建品牌，获取巨大回报。

从此，"内容电商"应运而生，大量的内容被制造出来。各种内容平台也开始电商化，包括今日头条、UC 云观等。如今，可以在今日头条和 UC 订阅号中插入商品链接来做"淘宝客"，点击链接即跳转到手淘销售页面。

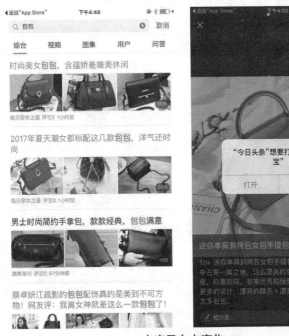

内容平台电商化

今日头条的电商功能需要官方审核才可以开通。现在的情况是全世界的电商都在做内容社区，全世界的内容平台都在转做电商。

那么到底什么是内容电商呢？

内容电商的形式是多种多样的，包括图文、视频、直播等，只要对销售有帮助的都可以，未来说不定还有 VR 视频这类表现形式的内容电商。

消费者不知道如何选择的时候就是最适合内容介入的时候。内容电商比较容易让用户暂时忘记价格，而把关注点转移到自己的需求和痛点上，非常适合用来推广非刚需类、单价相对偏高的商品。一般来说，内容电商的消费者黏性比较高，一旦他们对某种内容或社区产生感情就会一直信任，从而长期产生购买。

目前好的内容比较少，这是最让电商头疼的问题。这和从业者的能力和素质，还有产品本身都有很大关系。

雷军曾经说，正是因为内容的帮助，才让小米手机区别于山寨机，并成功地锁定了自己的消费者人群。每个电商人都应该想想，自己的产品如何与内容结合起来，定位好消费人群，充分挖掘人群的痛点，让销售更容易、更长久。

## 1.3 内容为王时代下，手淘的自我进化新形态

随着消费升级及无线终端的崛起，淘宝自然也发现了手淘消费者很大的一个变化。首先，越来越多的消费者只是"逛"淘宝，并没有实际明确的需求，通过搜索去找宝贝已经不再是他们唯一的选择。其次，消费者的消费行为更加理性，看到宝贝后，他们不会立即购买，而是先收藏或加入购物车，然后去找是否有更好的选择。而且很多消费者在购买产品之前，会去用百度或微博搜索一下这个产品，了解更多相关的内容。

内容如今对消费者有巨大影响力。因此，淘宝决定自我革命，让自己来适应消费者。为此，淘宝进行了非常大的改变。

从 2016 年开始，淘宝就开始推进内容化。在当年的卖家大会上，淘宝发

布了未来三大发展方向：社区化、内容化和本地生活化。而手淘真正开始内容化是以 2016 年 6 月份的"淘宝直播"模块的发布为标志的。在整个 PC 端向无线端转化和消费升级的大背景下，内容运营成了淘宝和商家都会经常提到的一个热门词语。经历了 1 年多的转变，内容运营已成为手淘最显著的标志。

2017 年，手淘最重要的一个转变就是内容化的推进。淘宝是一个与时俱进的平台，基本上每隔几个月就有一个非常大的变化。

如今，仅凭自然搜索优化、竞价和促销活动已经不能概括整个淘系流量结构了，大量内容渠道如雨后春笋般涌现。为了让用户们更好地理解这个变化，淘宝提出了公域流量和私域流量的概念。

公域流量是什么呢？

其实这很容易理解，公域就是公共领域。举例来说，淘宝的所有营销活动，如"达人推荐""搜索""猜你喜欢""行业频道"等活动和模块，都属于公域范围。公域大多基于一定的规则或算法由系统向消费者推荐并呈现商品和店铺，而公域流量就是通过这些渠道进入店铺的流量，商家无法对公域流量进行管理或干预。

那私域流量是什么呢？

私域就是商家自己能够控制并实现的内容，可以自主发布，不需要专门请达人来做。而私域流量就是来自这些渠道的流量。这是商家进行宣传并和粉丝们互动的内部渠道。当然现在也开始有淘宝外部渠道的参与，只要内容做得好，就会得到外部流量的导入。

我们首先来看看公域流量的变化。目前公域部分最大的流量来源是搜索流量，来自搜索页面的消费者对这个品牌或这个商品已经有非常明确的意识和需求，所以他们会直接通过搜索来寻找商品，这是直接"拔草"的模块。而淘宝内容化就是要弱化搜索的作用，去争取那些没有明确购买意向的消费者。

我们都知道，现在的淘宝搜索流量占所有流量的比重已经远不如从前。现在在淘宝购物的消费者会感觉到自己体验了一次以购物为目的的旅行。他们通过寻找自己想要的产品来提升自己的生活质量，在"逛"的时候感受到乐趣，这对消费者来说是最重要的。淘宝需要有"拔草"的模块，同样也需要有"种草"和"养草"的模块。所以我们可以看到，在搜索结果中出现了更多内容型的结果。

除淘抢购、聚划算外，手淘首页最大的导购流量模块是"有好货"和"必买清单"。除了刚性需求的消费，淘宝还想要让消费者在没有消费意愿的前提下购买更多产品。于是，帮助消费者发现更多好产品的推荐导购型模块就出现了。用户发现了好的商品会收藏或者加购，这就是"种草"模块。

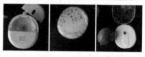

**淘宝搜索中的内容型结果呈现**

同时，淘宝头条也是一个非常重要的内容渠道。例如，在一篇类似《别怪我以"帽"取人，你的搭配少了帽子》的文章里，帅哥、美女和明星戴着帽子的照片都有可能激起你对"帽子"这种非必需商品的购买欲望。文章内容中关于不同帽子的搭配和选择的方法，也让你有想要拥有更多不同类型帽子的欲望。

说到模块流量就不得不提到淘宝直播。淘宝直播属于消费类直播，与映客、花椒之类的秀场直播完全不同，用户可以边看边买，还可以和主播互动。目前淘宝直播涵盖的范畴包括母婴、美妆、潮搭、美食、运动健身等。淘宝头条和淘宝直播都是"养草"的模块。

这些模块内容的产生，都源自淘宝的一个可以直接连接内容创作者、用户和商家的开放平台。在这个平台上，内容创作者（自媒体人）、平台方（淘宝各个内容模块）以及广告主客户（所有需要内容流量的电商）将共享自身的需求，这个平台就是"阿里V任务"。

"阿里 V 任务"平台

通过内容方和商家的直接对接,让所有内容电商化,也让所有电商内容化,该平台的价值不可估量。它的出现是手淘能够顺利进行内容化的前提条件。在消费升级的趋势下,手淘内容化的种种变革将会继续向前推进。

## 1.4 内容化手淘如何抢占用户时间

现在少数故步自封的电商可能日子过得还不错,每个月做做活动,开开直通车,再加上本来就有的自然流量,还能够维持一定的业绩。这部分人可能会觉得做内容电商没有必要。

也可能是由于手淘内容化这种历史性的转型让很多人一时之间没有办法适应,无法跟上节奏,所以干脆拒绝改变。

但这都没有办法阻止淘宝的内容化,并且这将是一个长期的趋势。如果你没有跟上这个节奏,还在玩以前的套路,那么你很快就会被淘汰。笔者看过太多很火爆的店铺瞬间倒闭的案例。

很明显,现在的情况和以前完全不一样了。以前是所有的淘宝商家都在砸同一个流量入口,大家一起打价格战,通过价格来直接吸引消费者,因为销量越高的产品搜索排名越靠前。这样恶性的竞争导致大部分商家都是"亏一段，平一段，赚一段"，而且由于没有积累用户和留住用户的手段，老用户的价值也没有发挥出来。

而在淘宝弱化爆款与搜索流量，打击售假，大力推进内容化之后，"内容为王"的时代真正到来了。其实这是淘宝给我们的机遇，让我们必须要更加注重人文情怀，输出内容，与买家建立新的关系，让用户成为我们的推销员，而不再选择"赔钱冲量"这种自欺欺人的模式。

如果现在不做内容运营，那么过几年后你就会想："早知如此，当初我就去做淘宝达人的模块流量去了""当初我应该经营好我的微淘"。电商人一定要有随时随地学习的心态。今天还能够使用的技术，明天就不一定能玩得转了。比如，现在很多店铺的详情页还停留在传统的层面，长篇大论地讲功能、讲好处，但是现在视频才是最高的内容表现形式，我们的详情页完全可以用短视频来传达信息，因为现在的消费者没有那么多耐心来看文字，同时也完全支付得起短视频流量的费用。

此外，用户消费行为也发生了很大改变。以前人们都是通过搜索比价得到自己想要的产品。而现在，他们会通过先收藏、再加购等行为，让淘宝根据算法自动给用户推荐同类型产品，通过这样的方式规避千篇一律的爆款，让用户找到真正优质的产品。

如果消费者关注你的品牌，那么他在淘宝或天猫逛的时候，你的品牌就会在"猜你喜欢"板块中优先展现出来，所以让消费者去关注你的品牌，也是非常重要的。

我们都知道，淘宝的用户数早已趋近饱和。这说明所有商家可争夺的用户数量是固定的，在你这里消耗的时间越多，成交的可能性也就越大，成交的数量也就越多。

在争夺用户时间的战争中，内容是最重要的武器。如果一个用户浏览你的一篇文章和宝贝详情花费了十分钟，那么他就不会消耗时间或只消耗很少的时间到别家去比价。传统的淘宝营销是把钱花在了直通车竞价和做活动上,而未来就得完全依靠内容来和用户搭建起桥梁,只有内容才能赢得时间战争的胜利。

新电商的着眼点虽然是销货,但在冷冰冰的产品之下,真正有价值的是人。当购物不再是买完即止,而是收到产品后忍不住要拿出来四处"炫耀"的时候,你的产品就变得有口碑,甚至可能形成一种独特的文化。当你将产品赋予话题并展开叙述的时候,店铺才算是真正成长起来了。在未来,一定是拥有高黏度粉丝且懂用户心理的商家才能获得成功。

以前有的商家走捷径,获得了一些利益,比如刷单做流量。而随着淘宝大数据的完善,淘宝的纠察系统和相关法律法规越来越健全,刷单这条路会变得越来越窄,刷单被判刑的案件已屡见不鲜。刷单的风险与成本都会越来越高,商家需要把握事物本质,抓好内功,把注意力集中在持续给用户提供价值的核心上。

说到底,电商人最大的捷径就是紧跟淘宝的步伐,不断地跟进淘宝的新热点,这样才能不断地享受淘宝变革带来的红利,才能永远站在巅峰,不被淘汰。

## 1.5 不以卖货为目的的内容营销都是伪营销

到底什么是手淘内容营销呢?它是营销渠道还是推广方式?虽然淘宝官方在铺天盖地地在宣传这个词,但是,真正能够了解其含义的商家并不多。

首先我们来看看维基百科是如何定义"内容营销"这个词的。

内容营销就是一种通过生产对目标用户有价值的内容,以此来实现商业转化的营销过程。从这个定义上看,任何不以卖货为目的的内容营销都是伪营销。

文字是内容的主要呈现形式,淘宝平台的文字表达是比较重要且常见的,包括宝贝的标题、详情内容、主图、微淘达人文章、钻展直通车宣传文案等都需要文字内容。

图片可以更好、更形象地展示文字想要表达的内容,使内容更容易被理解,并加深用户的印象。

内容模块除短视频和直播是最近才有的功能外，其他功能都是淘宝一直以来都有的，那么相较于淘宝传统的营销，内容营销有什么特点呢？

（1）内容营销的逻辑主要在于为用户提供解决方案，帮助用户解决实际问题，而不仅仅是直接展示产品。如今许多网红店铺的销售逻辑大多如此，这是很明显的趋势。

（2）内容营销能够通过刺激痛点让消费者更加了解产品的价值，并且还能够通过情感营销让用户从内心产生情感认同。简单地说就是"谁关心我，谁更懂我，谁能提供给我更多贴心的服务，我就选择谁"，这完全改变了淘宝传统营销的价格战逻辑。

（3）淘宝内容营销所需要的内容可以是自己生产的，也可以是达人免费帮你生产的，而以前只有花钱找主流媒体做广告这一种内容生产方式。

（4）内容营销能够让用户随时随地分享产品信息，而淘宝的传统营销只能在用户购买产品之后才能分享。比如消费者浏览到一个切中自己痛点的文章就会分享，即便他们不知道产品的好坏。

如今人们想要的不再是必需品，我们需要通过挖掘目标用户的痛点来打动他们。这就是内容运营。

曾经有一个售卖智能手环的商家给笔者推送了一篇文章，主要内容讲的是人一定要每时每刻和自己的不良生活习惯和惰性做斗争。如果有一个设备能够时刻监督自己，让自己不懈怠，那么身体的健康才能得到真正的保障。这正好切中了笔者的痛点。因为每次笔者都是豪言壮语地要去运动，但因为没有养成运动习惯，而且又缺乏监督，所以每次不是忘记就是错过时间。于是笔者立刻就买了一个。

所以，这种通过制造各种类型内容的方式，直接跳出最基本的产品功能介绍，通过切中痛点来打动用户，使他们产生需求，这就是典型的手淘内容运营。

淘宝内容的规范化为内容运营提供了更宽广的渠道。无论是在站内还是站外，在线上还是线下，内容运营都是为了更好地把产品卖出去。卖货的同时沉淀粉丝和品牌，这就是淘宝卖家所说的内容运营。

更严谨的解释是，内容运营就是通过对用户的人格化区分，让产品品牌形成不同的性格主张与需求引导，从而帮助用户形成认知，达成共识。

内容营销的一切都基于在某产品的软文、视频等素材的利益点刺激下而产生的购买。所以我们会发现，如今用户的需求在升级，商家的玩法也同样在升级。

## 1.6 把握成功关键，内容运营 4 要素

知道了什么是内容营销后，就要了解到底该怎么做内容运营。下面说说笔者理解的内容运营 4 要素。

### 1. 明确用户定位

内容运营需要做的就是和店铺的粉丝们"谈一场恋爱"！男士在谈恋爱的时候要做的是什么？喜欢一个女生，你需要认识她、了解她并投其所好。做内容也是一样的，你必须要了解你的用户：他是谁？有什么特点？他喜欢干什么？

那么在做内容的阶段，我们要从哪里查看粉丝数据？你可以设想一下，对我们的店铺和产品感兴趣的人都有哪些行为表现？

你会发现，那些进行深度的浏览、有收藏和加购这些行为的用户是真正对店铺和产品感兴趣的人。而进行收藏和加购的用户的数据在淘宝的"聚星台"平台中就可以看到，操作步骤为"营销中心—客户运营平台—客户分析"。

我们做的内容是给店铺的粉丝看的，而"聚星台"可以给我们的粉丝做精准的人群洞察。"聚星台"可以为我们的店铺做完整的数据分析，比如访客、粉丝、会员、成交行为等数据。这些数据告诉了我们粉丝的年龄、所处的地域、性别、折扣敏感度等信息。最重要的是它分析了访客和粉丝的一级类目偏好，这样能够帮助我们为这些人群贴标签。

# 01

无内容不电商：电商内容运营指南

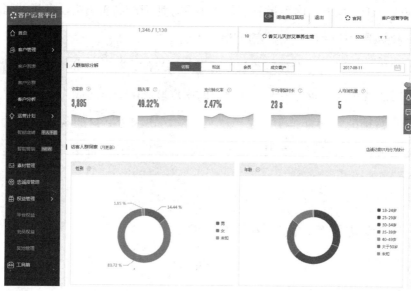

聚星台

比如说你是卖食品的商家，那么你就会发现，浏览自己店铺的这些人的第一个标签就是"吃货"。那如果你想要针对自己的粉丝做内容运营，那就需要深挖"吃货"对什么感兴趣。经过研究，我们会得出如下结论。

（1）"吃货"对所有新鲜的食物都感兴趣。

（2）"吃货"对那些陌生城市的小吃感兴趣。"吃货"在旅游的时候，都是去夜市等有特色的地方逛。

（3）会吃的人一般都会做，那么"吃货"会对烹饪感兴趣。

当然以上这些还不够，我们还可以继续深挖。人群标签的定位，也会对店铺的直通车、钻展等推广的精准投放有很大帮助。

除此之外，你也可以跳出淘宝系，通过百度指数对对产品感兴趣的人群进行一个大概的分析。

### 2. 组织内容

当你已经比较了解你的用户时，就可以制造他们感兴趣的内容了。

电商平台的内容制作起来其实很简单，而内容的目的就是在合理范围内帮助产品更好地售卖。内容是产品和用户的连接点，它应该很好地体现出数据化、差异化、人格化和娱乐化的特点。

根据这样的原则，那么内容运营就很简单了。还是之前卖食品的例子，我们可以做出如下安排。

（1）深挖并整理出一系列我们从来没见过的食物，并为它们做一个排行榜，这是用户最喜闻乐见的内容。

（2）如果是处于旅游旺季中，可以深挖那些在旅游旺季时期、各旅游景点必须打卡的小吃。

（3）可以做店铺直播，教授吃货用户们如何去做那些工序很烦琐的菜。

售卖母婴类产品的店铺里有很大一部分用户是家庭主妇或年轻的妈妈们。这些用户对于关于孩子的一切都感兴趣，当然也对家庭生活感兴趣。据此可以做育儿、早教知识、家居生活小妙招、婆媳相处经验等内容。

你需要制定好微淘规划，定时、定点、定量地发布内容，让用户形成阅读习惯。

当然，所有内容都针对用户的利益点。

### 3. 投放内容

内容要投放到哪些渠道呢？通过哪种渠道才能让用户更多地看到内容？

目前淘宝的流量来源分为公域流量和私域流量。简单地区分一下，私域流量来源于自己可以做的渠道，而公域流量来源于那些达人们才能做的渠道。

私域流量：微淘、店铺问大家、店铺直播等。

公域流量：手淘首页的那些内容渠道（有好货、每日好店等）、达人直播等。

### 4. 总结内容

成功投放内容也不认为万事大吉了，我们还需要对所投放的内容进行数据分析，看内容是否达到了某些目的或实现了某种效果。然后根据所得到的数据，不断对内容进行优化，对下一次的投放内容和推送时间进行调整。

目前,可以在生意参谋中的"业务专区"部分看到对淘宝达人的数据分析。这些数据非常重要。后面我们将会详细讲解如何通过这些数据指导自己的内容运营工作。

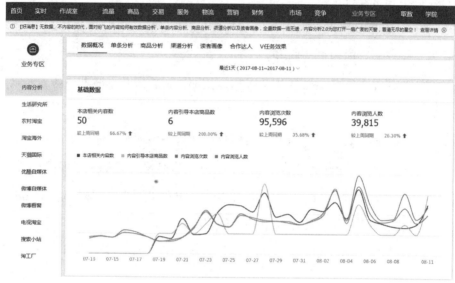

"业务专区"

微淘管理中心的数据分析。

微淘后台

无论做哪种内容都一定要明确到底是为谁而做，从而组织适合的内容，找到最适合的方式让用户看到。如果用户愿意为此买单并主动传播你的内容，那么你就成功了！

## 1.7 内容运营的 3 大利器

内容运营有 3 种表现形式：图文、直播、短视频。不同的内容类型有着不同的功效。在直播功能出来之后，如今淘宝又开始重点打造短视频内容。之前没有做是因为受限于各种技术原因，而如今，这些都已经不是障碍，电商人将迎来一个短视频内容的黄金期。

当然，这不表示图文和直播都不能做了。在不同的情况下，我们需要做不同的内容，这并不冲突。接下来，我们就来了解一下这 3 种内容形式。

### 1. 图文

目前，图文形式仍是淘宝平台最常见的一种内容形式。不仅是淘宝，还有小红书、什么值得买这些垂直内容平台都是以图文形式为主，但是在未来会有很大改变。

图文形式能够把产品的特点和利益点很直观地表达出来，并且这些内容相比于宝贝详情页来说，不受法规的具体约束。尤其是使用或专业或文艺的文字来给产品增加吸引力，有时候更容易引起用户共鸣。

### 2. 直播

购物直播最早由淘宝推出，之后各大电商平台开始跟风。

主流直播渠道有：①淘宝直播（在淘宝首页就能看到）；②天猫商家直播；③支付宝直播；④微淘直播。

购物直播和秀场直播不太一样，它需要主播对产品的理解更专业，还有主播对销售的感觉、对粉丝的吸引力，并不仅仅看脸。

直播的流量引入力度非常大。它除了促进成交，还可以用来引流，为用户贴标签。但随着短视频的崛起，直播会逐渐走下坡路。

### 3. 短视频

短视频是 2017 年淘宝力推的一个内容表现形式。它的好处是可以在短时间内很直观地展现产品的功能、外观以及品牌调性等各方面的信息。可以说，短视频是内容的最高表现形式。

淘宝的目标是在这一两年内全面实现淘宝的详情视频化。

淘宝的变化紧跟科技和时代的发展，可以说是日新月异。对于迟早要做的事情，晚做不如早做。

## 1.8 如何完美结合内容运营与店铺运营

店铺运营的主要方向有 3 个：基于新用户的运营；基于老用户的运营；基于品牌的运营。在实践中一般可分为三个方面来做：基于上新的运营；基于爆款的运营；基于大促的运营。

那么内容运营如何才能与店铺的运营手段完美结合，让其效果发挥到最大值呢？

所有运营策略都是为了吸引和留下用户，我们要考虑如何让看过的人买，让买过的人买更多，让买过的人下次继续再来买，让买过的人介绍朋友来买。简单来说就是吸引用户，沉淀用户，激活用户，让用户产生裂变。

在做内容运营之前，需要考虑的问题是：你有什么产品？你要卖给谁？你有什么优势？内容运营其实和店铺运营的方式是一致的。而手淘内容运营又体现着自身的一些特点：弱技巧、强产品、轻推广、重内容。

内容运营的终极目的当然是为了卖货。而实际上，在内容运营这个阶段，我们还要做很多事，比如拉粉丝、沉淀品牌、预热活动、培育市场等。

在以销售为终极目的的背景下，每一场内容运营都是有不同的目的的。

百雀羚做了一个传播度很高的页面，讲述了品牌很多的故事，让笔者几乎从头看到尾。有人说百雀羚的成交转化率很差，但品牌通过这个页面实现了更多人的转发和关注，进入了人们的视野，引爆了自己的品牌关注度。

做内容的目的是为了销售，在这个目的下根据自己的运营节奏，在不同阶段做不同的事情。比如发布内容的目的是为了激活用户、沉淀用户、裂变用户，还是为了培育市场，这都需要根据自己的营销节奏和运营节奏来把控。

没有产品和用户，一切营销都是无用功。那么如果以销售为目的，内容的落脚点就要在产品和用户上。

内容运营要求我们一定要对用户要非常了解，应该怎么做呢？

淘宝对商家最有利的地方就是可以提供很多数据做参考，用来分析用户的购买习惯和浏览习惯。把店铺赋予了人的性格、人的情怀、人的感觉之后，用户黏性会越来越高。把内容打造成一个性格鲜明的人，使"他"去发声，内容反馈度就会越来越高。

商家会听取达人的意见，达人就是意见领袖。而商家是最了解自己的产品的，为什么商家不能充当自己产品的意见领袖呢？所以做内容运营必须要做到把内容人格化。

以人格化为基础做内容之外，还需要娱乐化，这样潜在用户才会感兴趣。什么样的文章是他们会转发的？上一次被转发是在什么时候？或许是因为文章中的某个点打动了潜在用户，或许是因为文章特别有趣，这些都是我们在做内容运营的时候需要考虑的。

## 1.9　内容营销全景图，6大手淘千万级流量入口

在本小节中，我们将详细介绍淘宝目前内容运营的6个主要流量入口渠道。这6个入口都来自首页，只要掌握住了这6个流量入口，内容营销就能够很好地开展。

在淘宝第一屏的设定中，可以看到的内容模块有"淘宝头条""有好货""淘宝直播""每日好店"。这4个模块是目前最大的流量入口。

### 1. 淘宝头条

淘宝头条以新鲜、有趣的消费资讯或产品的使用经验分享为主。内容主要

来自达人和淘宝客服。淘宝头条主要用来积累粉丝,它的沉淀量很大,但转化率一般比较低,而且单条内容的存在时间较短。

内容展现形式:"图文+产品"或"视频+产品"。

渠道内模块:"淘宝头条""头条测评"(以文章的形式对单件产品进行包场介绍,进行评测、给出评测结果,商家需提供样品)"头条视频"(以视频的形式展示产品,每篇文章内可植入3~5个同一品牌产品,最终落地链接至品牌淘宝店铺或天猫店铺)。

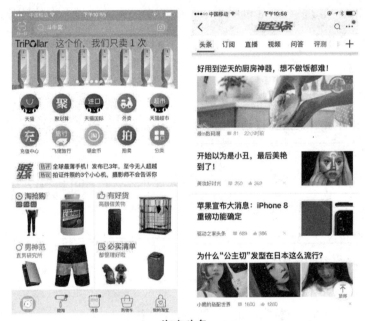

淘宝头条

### 2. 有好货

有好货是淘宝应对消费升级最重要的产品之一,产品价格相对较高,质量更好,并且对销量没有要求,特别适合一些有个性的小众品牌,还有风格创意比较强的品牌、奢侈品的限量款、海淘商品等。

内容展现形式:"图文+产品"或"视频+产品"。

渠道内模块:"有好货精选""有好货攻略""有好货种草"。

Chapter One
**第 1 章**
你靠什么赢得电商的未来

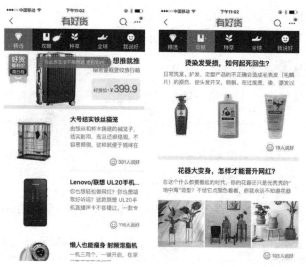

有好货

### 3. 每日好店

每日好店中推荐的都是有一定品牌调性的中小型品牌店铺。要求店铺有一定的风格，品类比较稀缺，而且有值得传播的故事和精神气质内涵。

内容展现形式："图文＋产品"或"视频＋产品"。

渠道内模块："生活家""一间老店"。

每日好店

**4. 淘宝直播**

淘宝直播通过更高级的形式来与用户互动，观看直播的用户更多为女性。淘宝直播可以是商家自己直播，也可以找达人直播。但如果商家没有直播浮现权，那么只有私域流量也就是店铺粉丝才能看到。而达人直播能实现面向公域流量渠道的曝光，通过更直接、生动形象的方式，把产品给推销出去。商家可以和这些达人合作卖货，实现共赢。

内容展现形式："视频+产品"。

渠道内模块："全球现场""亲子乐园""美妆心得""主播优选"。

淘宝直播

**5. 微淘**

微淘是商家可以自己做主的内容渠道，一般只有关注或收藏了店铺的用户才可以看到。当然，如果微淘内容数据表现很好，那么你也有机会获得公域流量渠道的曝光。

内容展现形式："图文+产品"或"视频+产品"。

渠道内模块："关注动态""视频直播""精选热榜"。

微淘

## 6. 搜索页内容

内容化之前,在淘宝搜索结果页面只会展示产品,如今增加了"淘宝经验"内容模块。这里会把和搜索关键词匹配的优质、销量高的产品推荐给用户。

内容展现形式:"图文+产品"或"视频+产品"。

渠道内模块:"淘宝经验"。

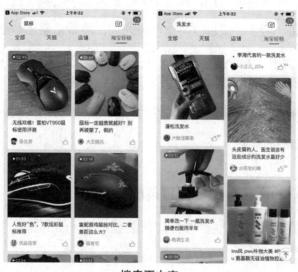

搜索页内容

# 第 2 章 Chapter Two
# 淘宝就是卖文案、图片和评价

很多人以为淘宝卖的是产品,只要把产品做好了,就一定能卖好。这完全是工厂产品经理的思维。

事实上,买家是看不到产品实物的,也不会现场来看你演示产品。他们对产品所有的认知都来自产品图片、文案和评价,以此来判断是否要购买。

只要这三个部分做得好,就算售卖价格比同类产品更高,一样能够卖得好。爆款产品不是价格最低的,而是图片、文案和评价做得最好的。

即便大家都知道这些道理,现实中要做好还是很困难。因为大家心中并没有一个判断标准,很多时候自以为做得很好了,但是销量还是不好,结果只能不断地花大钱去做广告,花费很大精力去做推广。最后的结果却是事倍功半,赚不到钱甚至还严重亏损。

这一章就来带大家看看,如何做好文案、图片和评价,让你拥有一个 24 小时在线的超级销售员。

## 2.1 月销百万的详情页是如何打造的

详情页和产品主图的重要性相信大家都知道。详情页 24 小时挂在那里,它们就是全年无休的业务员。

衡量一篇淘宝商品详情页优秀与否的核心标准在于其能否够推动购买转化

# 第 2 章
## 淘宝就是卖文案、图片和评价

率。详情内容能否提高成交量是检验详情介绍优秀与否的唯一标准，其他的一切指标都没意义。

详情页通常是由文案和图片这两个要素组成的。

### 1. 文案

文案不等于文采，很多初级文案工作者写的文案辞藻华丽，但是对产品的介绍却模糊不清，不能给人留下特别的印象。

具体来说，文案不能有长句，字形不能复杂，不能有太多含义抽象的形容词。简而言之，就是文案要好理解。

首先，文字一定要简单、可读性强，不用天花乱坠的形容词也能感受到高端。

其次，多用具体名词，也就是日常生活中的名词，少用抽象名词，少用复杂的专业词汇。用户没有办法像我们一样对产品有那么深的了解，所以需要用最通俗的语言文字进行商品描述，比如兰蔻面部精华肌底液被称为小黑瓶，SK-Ⅱ护肤精华露被称为神仙水。

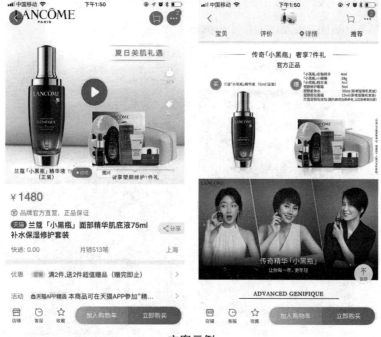

文案示例

要避免使用空洞、抽象的形容词,因为这些并不能让用户更了解产品。精准、具象、不含糊才是好文案。比如下图这个广告:"空间大有讲究,装下旅途所有想象。"这样形容车厢空间大的句子肯定是不合适的。可以改写为:"车厢空间大,每一寸都可以利用,大到足以让4个身高一米八的大个子舒服地坐在里面。"

汽车文案

再看看小米手机形容手机屏幕大的词,没有用华丽的辞藻,就是直接告诉你究竟屏幕有多大,手机有多好用。想要写出生动、贴近生活的文案,就一定要多用名词和动词,比如"6.9寸全面屏,单手可握"。

小米文案

强大的专业知识也非常重要。你要卖什么，首先要让自己成为这个行业的专家，才能更好地挖掘卖点、写好文案、服务用户。比如你卖的是化妆品，既不懂得皮肤结构，又不懂得产品成分分析。面对用户的疑问，一问三不知，只能一味地说产品好，却说不出为什么好，用户自然不会买你的产品。

有一家淘宝店，店主曾是化学专业的学霸，她对自己的每一款美容产品都能分析得头头是道，把其最好的地方讲解出来，用户都非常相信她的产品。你也需要每天抽出至少半个小时来学习与专业相关的知识，拥有能让用户信服的专业能力，同时也能够更好地培训客服。

详情页是给买家看的，所以一定要站在买家的角度去考虑问题。了解他们到底关心什么，然后把用户关心最多的内容添加进详情页。当一个问题被多个用户问过，那么你就要考虑是否要把它加入详情页的文案中，以便提升买家停留的时间，提高转化率。文案绝对不是一次性写完就"一稿定终生"的，而是要经过反复修改完善。

对卖家来说，整个详情页只能有一个核心卖点，几个次要卖点。不需要把所有内容加进去，不然就成了产品说明书。详情页内容一定要有明确的目的性，很多卖家在制作详情页时会将所有的卖点都放上去，并且没有任何规律和顺序，导致用户看得眼花缭乱，越来越没耐心，转化率无法得到保障。

最后，在打造详情页时，一定有一个大纲，根据这个大纲来有条不紊地添加内容，这样才不会导致文案写得杂乱无章。

### 2. 图片

文案要搭配图片才能产生更好的效果，所以我们必须要结合图片来更好地传达文案内容。

产品的图片清晰、美观是最基本的要求。模糊的图片会降低产品档次，吸引不到买家。图片不要出现过分的PS痕迹，详情页中的图片不要太大，数量也不能太多，否则加载速度过慢，会导致跳失率升高。

配图一定要精准实现文案想要表达的意思，让用户不用看文字，也知道卖家想要表达的内容。图片还能够表现出文字不能表现出的高级、精致的感觉。

图片示例

令淘宝商家比较头疼的一个问题就是要拍摄图片。要拍好图片确实不容易，漂亮的图片就是"活广告"。图片尽可能在自然光下拍摄，一定要真实地反映产品的原貌并且要能突出产品。可以采用一个固定的背景板进行拍摄，这样大家一看就知道是这家店铺的产品，也会让人感觉这家店铺比较整齐、有一致性，不会让人觉得杂乱无章。花哨的背景很容易抢去商品的风头，分散买家的注意力，喧宾夺主。

产品尽量少用模特来拍摄，除非是服装类等产品。如果图片和实物相差太多，会导致买家收到货后感觉失望，容易给负面的评价，导致 DSR 评分降低。虽然不能拍得太过失真，但是你却可以把它拍得很有格调，需要去把握这个度。

最后要提醒你注意的是，好产品不等于好卖的产品，质量差一点的产品也不一定卖不出去。你的描述决定着用户的判断。

## 2.2 如何挖掘卖点，写出吸金文案

这里说的文案不是那种内容看上去很精彩，却不能直接实现转化的品牌文案，而是具有超强转化力和销售力的销售型文案。在这一章中提到的所有文案都是销售型文案。

挖掘卖点是在撰写文案、设计销售型商品详情和商品主图之前需要做好的准备工作。推广策略的选择也决定着卖点的挖掘和选择，同时还要分辨出该卖点是否是买家真正需要的。

### 2.2.1 脱颖而出的秘诀，如何快速实现差异化

卖点首先是产品的功能和特点，然后用通俗易懂的语言描述出来。比如一款电动牙刷，它的卖点有哪些？

（1）振频38000次/分钟，清洁效率高。

（2）进口配置，持续动力输出。

（3）进口刷毛，磨毛率100%。

（4）人体工学手柄，舒适易清洗。

（5）一次充电，续航18天。

（6）Ipx7级防水，可直接冲洗。

（7）3种清洁模式，满足不同需求。

（8）定时2分钟，保证最科学的刷牙时间。

（9）5种颜色，方便家人区分。

（10）价格不贵，只要168元。

可以通过分析同类产品(切忌盲目照搬使用)、分析市场等方式挖掘卖点，从包装、技术、成分、功效、价格、定位等不同的角度去挖掘，从中选出产品最具优势的地方作为核心卖点。

提炼卖点不只是说出那些显而易见的优势和特点，更重要的是从一些看不见的地方去发现、去挖掘。没有差异化的功能，可以有差异化的利益点。比

如，从产品利益的角度去挖掘，虽然该产品在客观功能上没有什么特别之处，但可以通过文案策划表达出该产品可以为用户带来的种种好处，给用户制造一个购买理由。那么如何挖掘出利益点、卖点呢？可以通过以下三个步骤来完成对一个产品卖点的挖掘。

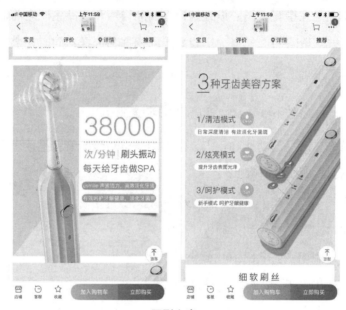

牙刷文案

（1）写出产品的功能、特点。

例：这款充电宝的容量是 20000 毫安。

例：这件抗皱衬衫的材料是 100% 阿克苏长绒棉。

（2）写出产品的用处、优点，用户使用这个产品之后能产生什么样的效果。优点的作用是在产品特点和用户利益之间搭建一个桥梁，让文案看起来不那么突兀，增加用户对产品的接受度。根据产品特点，很容易就能得出产品的作用。

例：这款充电宝有 7 倍续航能力。

例：这件抗皱衬衫免烫易打理。

（3）绝大部分文案编辑都做不好的就是写出产品的利益点，产品能够给用户带来什么好处？解决了用户的哪些问题？

例：使用充电宝，打游戏不怕没电。

例：穿抗皱衬衫，不怕挤地铁。

## 2.2.2 如何根据营销策略选择核心卖点

一个产品虽然有很多个卖点，但是在做详情页的时候，必须要选出有一个最能提升成交量的核心卖点并进行重点突出。一般来说，核心卖点通常会放在主图位置的第一张和详情页的第一张图上。

核心卖点并不是一成不变的，营销策略的不同也决定着核心卖点的选择不同。当产品的成交途径主要是搜索成交时，那么主图文案更应该强调产品的功能优势。

通过搜索进店的用户已经有比较高的购买意向了。但是他们有选择权，而你需要告诉这些高意向的潜在用户们，他们为什么要选择你，而不选择其他店。

这些用户已经完全知道使用该类产品的好处，有非常明确的购买目的，他们可能是想要买个质量好、价格便宜、功能多的产品而已。

但如果产品成交主要依靠的是广告引流的方式，点击进来的并非是购买目标特别精准的用户。比如通过直播、有好货等内容营销的方式，或站外引流、淘宝客等方式进来的流量，那么建议你放上更多的利益卖点。

这些非精准用户并不太了解你的产品。他们想知道，这个产品能够给他带来什么好处？能够解决他们什么样的痛点？用了这个产品，能够改变什么？所以你不仅要向对方描述这个产品是什么样的，还要在短时间内让对方眼前一亮，感觉自己确实需要这个产品。

在不同的产品销售阶段也需要有不同的营销策略。比如，产品可能开始上架时很难获得较好的排名，当你的卖点实现高转化率且商品排名上升后，搜索流量就会超过广告流量并产生良性循环，维持排名的广告费用会越来越低。

当产品销量提高后,就可以拿销量当卖点了。当评价积累到一定量时,你也可以从评论中提炼买家重点关心的内容来当作卖点。

### 2.2.3 摸透市场需求,选出"一句顶万句"的真卖点

商家所选择的卖点并不一定是有效卖点,很多时候可能并没有掌握买家的真实需求。

什么才是一款产品真正的卖点呢?如何快速洞察出用户的真正需求呢?

我们常用的方法有两种,第一种是竞品评价提取法,具体操作步骤如下。

(1)使用淘宝的关键词工具挖掘产品类目流量较大的精准关键词,并按照销量排序。

(2)选择和所售产品多个维度类似的产品,把用户的好评逐页复制。

(3)将评价中出现的体验性的关键词复制,并在 Word 中操作"替换",得出该关键词出现的次数。如果得到的结果是替换了 30 处,那么说明这个关键词在用户体验中受关注的次数为 30 次。

(4)在 Excel 表格中,依次记录下每个关键词出现的次数。

(5)最后依据出现次数排序,出现次数最多的关键词就是用户最关心、最在乎的点。

这个点可能就是产品需要重点强调的核心卖点,也是做内容渠道宣传的核心卖点。

第二种方法是去站外了解,可以通过百度指数来寻找用户的需求点。比如你卖的是电动牙刷,那么可以在百度指数(http://index.baidu.com)搜索关键词"电动牙刷",然后看相关的精准关键词有哪些。

通过这两种方法可以很容易地找到用户的真正需求。

第 2 章
淘宝就是卖文案、图片和评价

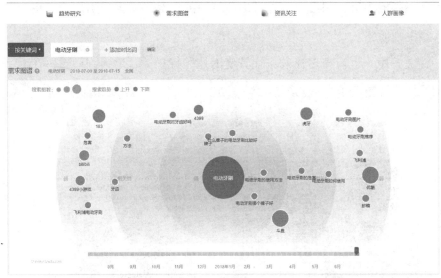

百度指数页

## 2.3 5 种让用户情不自禁下单的简单技巧

产品详情里的图片和文字虽然能创造购买欲，但是当用户并没有太强购买欲望时，需要在背后"推"他们一把，让他们从并不着急购买到迫切需要；从犹豫不决到当机立断地购买。

那么如何激发买家们的购买欲呢？可以使用以下 5 个技巧来彻底让用户疯狂。

**1. 使用场景**

首先，潜在用户在看到产品的时候，他觉得这只是一个产品，和自己的生活并没有什么关系。而一旦搭配了生活化的使用场景，效果就完全不一样了。

对于用户来说，判断一件产品好不好，首先会在脑海当中对这款产品进行想象。如果可以把用户脑海里的画面感补足并加强的话，那么用户自然会产生更强烈的购买欲望。

比如很多网红服装店中使用的图片就是网红专门去国外的一些地方取景，

而不在摄影棚中进行拍摄。这种带生活场景的产品图更能吸引用户，更容易引导其产生画面感。

在文案中，也有很多让人身临其境的体验性描述，增强画面感，让人不知不觉就被"洗脑"了。

场景化详情页

## 2. 恐惧诉求

对于一些产品来说，利用用户趋利避害的心理也是非常有效的提高转化率的方式。

销售减肥药的商家可以告诉用户，肥胖会有什么样的不良后果。但是吃了减肥药瘦身成功之后，所有问题都没了，人生变得更好了。再比如你是卖除螨喷雾的，那么你就可以告诉用户，螨虫会对自己和家人的健康都产生很不利的影响。

这些"吓唬"用户的案例都非常典型，就是把人们最害怕、最担心的一些点放大。

Chapter Two
**第 2 章**
淘宝就是卖文案、图片和评价

恐惧诉求

### 3. 群体认同

群体认同其实就是一种从众心理。人类作为一种群居性的动物，在群体中的行为往往会受到他人影响，甚至会根据周围人的反应做出相应的反应。

当我们逛淘宝的时候，总是会优先选择那些销量高的产品，人们的潜在心理就是人人都喜欢的东西至少不会差。

群体认同

### 4. 购买理由

需要给用户购买产品一个有力的理由，让他们的购买行为合理化。这个理由一般来说不仅仅是满足个人的私欲，而要更正当，让他们更容易下决定，付钱的时候更爽快。

当用户觉得商家为自己付出了很多，就会产生内疚感，这时通常会提高买单的概率。

消除病患、保持健康、减少患病风险等因素也是把购买合理化的理由，因为这些是人类生存的最基本需求。

### 5. 自我追求

在马斯洛需求层次理论中，自我实现属于较高层次的需求。比如，实现个人理想、实现抱负、提升地位、获得信心、获得好名声和得到晋升机会等。

很多人会通过购买某些象征性的物品，来让自己获得提前实现或者已经实现自我追求的感觉。

比如奔驰的文案："超越极限，领先，因为不断向前。"其实就是暗示开奔驰车的人都是那些能做到一马当先、不断超越自己的优秀的人。

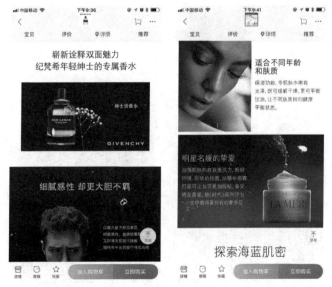

文案示例

一般奢侈品或者消费升级型产品会较多使用自我追求诉求，但需要谨慎使用，一旦用不好可能会产生不伦不类的效果。

## 2.4　用这5个模板获取信任感，直接套用立即卖成爆款

用户在已经产生购买意愿时，虽然有众多的选择，但是他们更愿意去购买那些他们信任的产品。他们会想，这个东西是不是真的那么好用？我是否一定要买你店里这款？产品的质量到底怎么样？

产生这些疑问的原因很简单，就是三个字"不信任"。一旦解决了"信任"这个问题，那么就距离成交不远了。作为一个淘宝商家，你最需要做的事情就是让用户信任你，从而选择在你这里购买产品。

在文案中，一定要通过文字和图片的描述，让用户在短时间内对你和产品产生信任。然而，很多商家都忽略了这一点，对文案处理得很随意，一味地讲产品的功能和好处，然而你说得再好，如果用户不信任你的话，一切都没有意义。

所以，你必须要在详情页中，提供各种有效的证据来打消用户的疑虑，证明你值得用户的信任。

那么这个信任感具体要怎么建立呢？接下来，我要告诉你5个很具体的、适合绝大多数产品的技巧，快速建立起用户的信任感，而且可以直接套用，让产品快速成为爆款。

### 1. 科学提升转化

科学能够让产品更显得高端。比如科学技术、科学比例、科学配方、科学标准、专利证书等，基本上只要跟科学有关，就能给消费者带来信任感，这是大多数人的惯性思维。

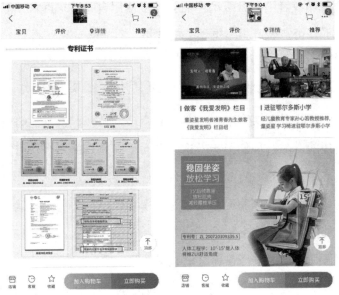

利用科学建立信任

同时,科学的实验、同步比较的方式,也是取得用户信任的一个很重要的方法。

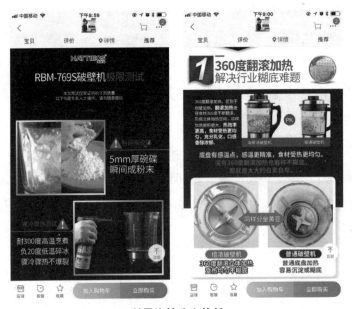

利用比较建立信任

## 2. 专家资源转化

专家的评述能够让产品更显得高端，比如，研究中心专家、行业专才、专业机构、明星、权威标识等。聪明的商家特别会利用专家权威包装产品，只要跟专家、专业扯上关系，消费者就容易产生信任感。如果你的产品有这些，就不要吝啬去展示它。

如果你的产品完全没有这些专业权威的信息可以用，那就需要善于借力。

比如你的护肤产品里有某种成分，而某个高端品牌也在用这种成分，那你就可以告诉大家你的护肤产品中的某个成分是一线品牌都在用的，这样就能够瞬间提升用户信任感。

利用权威建立信任

## 3. 国际化影响转化

"进出口、国际合作、欧美元素、全球媒体报道、国外大奖，国外认证"等词语会使产品显得高端。这其实利用的是人们多年以来养成的"洋货情结"，大家潜意识里都会认为进口的就是高级的。

例如，在淘宝中有很多卖得很好的产品的宝贝详情中都突出强调原料是进口的。

如果你的产品和"国际化"搭不上边，还可以用外国模特，或用一些国外的场景、标志，搭配一些英文、德文等国外的文字来彰显国际化。

利用国际化提升转化

### 4. 品牌化影响转化

人们都有一种这样的思维模式，同类型的产品中，他们更愿意相信那些有品牌的产品。他们觉得品牌就代表着质量，代表着一种效果和保障。

有商家可能会说，资金有限，很难去打造一个品牌，应该怎么做呢？

虽然你的资金可能没有办法砸出一个品牌出来，但你可以把产品进行包装，让其看上去像是一个品牌，怎么做呢？

首先需要赋予你的品牌一个性格，比如想要表达出产品安全可靠、质量好、实用耐用、精工细作、上档次的感觉，产品和详情的风格就要以内敛为主，不追求时尚，更追求简洁实用、品质和高端。这样，整体的品牌内涵风格形象就基本建立起来了。

有了这些内容，设计师就知道应该朝着怎样的风格方向去进行设计。当然也可以找一个模板，然后根据这个模板的风格来进行修改。除整体风格统一外，颜色、LOGO等都需要统一。

同时，要制造出历史感和高级感。可以利用品牌故事、品牌理念来让用户感觉到品牌感,让用户在读故事的过程中不知不觉地认同产品和品牌的价值,最终形成转化。

塑造历史感

## 5. 用户证言

文案大师吉姆·杨曾说过:"最能够让人相信的文案就是用户自己的证言。"这个其实很好理解,商家说产品好,怎么说都有种王婆卖瓜自卖自夸的感觉。能请得起明星代言的产品毕竟是少数商家。部分用户对于这种明星代言广告也不容易接受。但如果是没有任何利益关系的用户们都说好,那可能就是真的好了。

你不相信我的产品好,那我就给你看很多用户买过的证言。都是真实的,有名有姓、有故事、有细节、有截图。你还记得你在淘宝购物的时候,因为看了很多买家秀从而不自觉就下单购买,连宝贝详情都懒得看的情形吗?

但是 80% 的用户证言文案都写得很差,不是太平淡,就是太假,用户读起来不觉得有参考价值。那么,什么样的用户证言看起来比较真实呢?

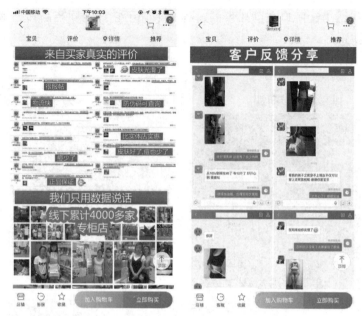

证言文案

比较真实的用户评价一般来说，会有以下 4 个特点。

（1）没有什么文采可言，基本是大白话。

（2）用户不同，说话的语气肯定也不同。

（3）文字感觉不会有太多激情。

（4）评价一般会比较中立，会讲一些小缺点，也会讲一些优点。

你也可以找一个从来没有接触过产品的朋友来帮你从目前已有的用户评价里筛选出他觉得有感觉、有吸引力的评价，然后再整理到一起，做一个用户证言集合。

## 2.5 只需做这两件小事，转化率立刻提高 50%

在智能手机完全普及之前，淘宝商家大部分的成交都是来自 PC 端。PC 端的屏幕一般都是横屏展示内容的，而且越高级的屏幕越宽、越大。因为这更符合人类的双眼视角，并且视角越宽，越符合人眼的视觉习惯，看起来就越舒服。

## Chapter Two
### 第 2 章
淘宝就是卖文案、图片和评价

而当前中国超过 90% 的网络购买都发生在手机端，已经进入了移动时代。在移动端所有的消费逻辑都会发生变化，那么详情页的设计逻辑也会发生变化。

首先从 PC 端到移动端的一个最大、最直接的变化就是屏幕变小了。当你在电脑上看内容时觉得大小刚刚好时，手机上看就一定小了，这是一个必然。

很明显，现在设计师用的电脑屏幕很多都已经是 32 寸的了，然而我们的手机却是几寸的。在 PC 端上看详情页的排版还不错，但在移动端就一定会显得非常拥挤。

除显而易见的屏幕变小了之外，还有一个很重要的变化就是从之前的横版屏幕变成了如今的竖屏。这导致我们在手机端看详情页的时候，视线是内收的，是从上至下地快速浏览信息，而不是和之前一样的横着扫描式阅读。

根据这两个特点，你就需要具备两个思维。一个是"小屏思维"，一个是"竖屏思维"。接下来，所有的设计都需要根据这个巨大的变化而进行调整。

具备小屏思维之后，应该要知道，所有在电脑上的设计一定要放到手机端小屏幕中去看看，详情页中的那些文字、图片是否还看得清楚。

在移动端，所有的文字和图片，都必须足够大。

如果设计师和美工没办法理解你的意思，只要告诉他们"放大"就行。设计的第一版有时候甚至都根本不用看，直接丢给他们两个字，"放大"就好。依照我们的经验，至少要让设计师"放大"三次才可能符合要求。

文字要尽量精简。在营销界里有句话，"少就是多，多就是无"。现在很少有人有耐心在手机端认真看很多文字。如果要表达的卖点文字太多，没有办法在一张图中把这么多字都放大，最后只能缩小强塞，反而导致信息传达效果大打折扣。

手机端详情页的宗旨就是让用户沉浸地、轻松地完成对产品信息的接收。卖点再好，详情页做得再漂亮，用户接收不到你要表达的信息，那么就没有任何意义。

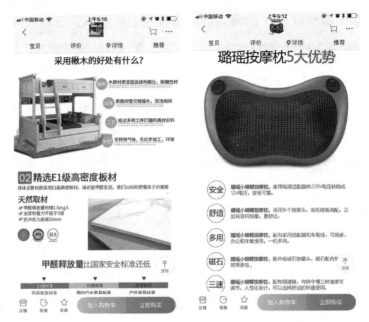

竖屏设计思维

而竖屏思维则告诉你，我们的文字内容一定要聚焦，不能东一块西一块，并且所有的设计都要做成竖版设计，而不是横版设计。

这里最重要的就是按照手机竖屏模式进行构图，详情页长度要比以前至少拉长一倍以上。详情页要做到看一眼就能让人马上明白。

一定要把竖屏思维和小屏思维这两个观念深深植入到自己和设计师的脑子里。这样做出来的详情页一定能打败绝大部分的淘宝商家，将转化率大大提升。

## 2.6 如何让用户主动提供买家秀，提高复购率

很多人对于如何提升用户做买家秀的动力这个问题说过很多诀窍，但大都是要一些小聪明，比如随包裹放上一张好评返现券，但效果并不好。其实这种方式弊端很多。当买家收到产品后，发现好评返现券，心里的感觉并不好，会有种受骗上当的感觉，容易增加退货率和降低DSR（服务评级系统）动态评分。

## Chapter Two
## 第 2 章
淘宝就是卖文案、图片和评价

淘宝规则是严禁好评返现的,一旦被抓到就很容易被处罚。还有的用户会直接在买家秀中把返现券展示出来,导致店铺被处罚。这种方法风险很大,并不是真正的解决之道。

真正的诀窍其实很简单,就是用脑子做产品,用心对待用户。

你需要站在用户的角度为他们考虑问题。淘宝第一坚果品牌"三只松鼠"在这个方面是做得最好的。他们会为用户准备很多吃零食的工具,比如开果器、垃圾袋、分装袋、封口夹、一次性手套等,这些都非常实用。

三只松鼠案例

很多淘宝店都喜欢采用随包装附送小礼物的方式来讨好用户,但是这些五花八门的礼物很少有真正让用户眼前一亮的。比如笔者就经常收到糖果、镜子、纸膜、小本子、质量很差的指甲刀等,基本上这些东西都会被笔者随手丢掉,因为没什么品质,也用不上,放着还占地方。

在收到过的这么多小礼物中,笔者唯一留下的反而是成本最低的一个开箱器,这是由一个塑料片做成的可以开快递箱的工具,在笔者看来是最实用的。

当然,送小礼物影响力并没有那么大,用户也不会因为你送了一个开箱器就给你刷买家秀，所以更好的办法是根据用户购买的产品来搭配不同的小礼物。

如果用户购买的全是祛痘相关的护肤品，那么就可以送她一个同品牌的祛痘面霜的小样。如果用户购买了好几件衣服，即便不能赠送衣服，也可以送一对搭配这几款衣服的耳环。

只要送出的礼物是送到用户的心坎上的，让他们觉得你很用心、很贴心，有惊喜的感觉，用户就会很容易产生分享的冲动。

也可以给用户统一送礼物，但一定要考虑到产品的实用性。例如夏天可以送用户驱蚊手环，冬天可以送暖宝宝等，这些至少是用户需要的，会真正地去使用它，用的时候会想到你。

再说两条很有用的经验。一个是随订单附送自己品牌的环保袋，简单好看而且还可以重复使用，这也是一种无声的品牌宣传，还可以在订购单里附上关于品牌介绍、退换货流程以及客服微信的信息。另一个就是可以做一些活动来激发用户发买家秀的热情，例如每月最棒的买家秀可以获得100元抵扣券等。你可以让微信里的其他用户进行评选，这样既吸引了目光，也能够增加买家秀好评率，一举多得。

总之，归根结底就是如何刺激用户的分享欲，使更多用户参与，这才是让用户主动给你好评以及增加复购率的关键。

# 第 3 章 Chapter Three
# 如何利用短视频提升 50% 成交

从 2017 年起，各大商家都纷纷加入短视频的行列，短视频已经完全代替了图文，成为继直播后，淘宝内容化的又一个重要阵地。经过一年多的迅速发展，如今短视频可以更多地出现在店铺首页、宝贝头图、淘宝详情页、微淘等私域领域中，同时也覆盖了手淘猜你喜欢、每日好店、有好货、淘宝头条等绝大部分的公域渠道。

如今短视频已经覆盖了手淘的各个模块。商家短视频能否获得免费的公域流量，与视频质量有关，而与商家的规模大小无关。换句话来说，只要短视频拍得够好，那就有机会获得大量免费的公域流量。

在未来，短视频会改变整个淘宝的成交模式和运营逻辑。对所有淘宝商家来说，这无疑是一次重新洗牌的机会。很多以前经营得不是很好的店铺可以通过拍摄优质、富有创意的短视频而快速崭露头角，成功翻身。

在未来 3 年内，淘宝还会投入 100 亿元来鼓励商家和达人们产出更多优质的短视频内容，并且未来淘系产品的宝贝主图都将会以视频的形式来展示。如今抖音、快手等短视频 App 的火爆也预示着整个互联网的内容视频化趋势。

如果你现在还没有做短视频，以后总是要做的，早做比晚做好，今天做比明天做好。所以，还没有做短视频的商家，从今天开始就赶紧行动起来吧！

## 3.1　手机也能拍短视频，升级内容实现弯道超车

随着智能手机的普及和 4G 网络的发展，短视频所耗费的流量已经完全没有办法阻止人们点开观看的欲望。这些配套设施其实在两年前就已经成为现实，而为什么淘宝一直没有放开去做呢？那是因为当时的时机还不够成熟，阿里云的搭建，包括整个视频技术、移动端技术等方面都没达到要求，因此淘宝一直没有完全放开来推短视频这一块业务。

到了 2017 年年中的时候，一切都准备妥当。淘宝不断释放出各种信号，包括视频空间的部分免费赠送，流量费用的取消，上传视频数量限制的放开，主图视频时长从以前的 9 秒到现在的 1 分钟，各种视频团队的收编，"猜你喜欢"短视频频道的开通，生意参谋中的短视频数据板块，给予短视频更多的流量和倾斜等，无一不预示着短视频营销的重要性。

短视频崛起速度这么快的真正原因是什么呢？归根结底还是大众的需求。自从互联网告别了 PC 时代走入无线端后，人们的消费习惯变得越来越碎片化。超长的图文详情页已经不再适合无线端了。现在的消费者一般只会看淘宝的 5 张主图和详情的首图，然后就会直接跳到评价和问答，看完就能决定是否下单了。

在视频中，立体化和场景化的产品展示，能够给消费者更直观、更真实的感受，从而促使消费者做出更正确的决策。所以，当你持续不断地优化图文详情，却没提高转化率的时候，短视频可能是你唯一的机会。

千万不要觉得做这种短视频很难。"办公室小野"的老板透露，这个拥有 20.4 亿播放量的超级网红，都是用苹果手机拍摄的，并没有用什么专业的拍摄设备。

短视频是内容的最高表现形式，短视频不仅能够提高详情页的转化率，能够对宝贝有搜索上的加权，也可能带来更多的展示渠道。比如你做了一个优秀的、故事型的短视频作为主图视频的话，那么你的短视频就很有可能会被每日好店频道抓取，从而带来流量暴涨。

第 3 章
如何利用短视频提升 50% 成交

办公室小野的视频运营

面对淘宝给出如此大的短视频流量红利，作为商家，一定要好好利用。别人都在做，你不做的话，必然会慢慢落后，逐渐被竞争对手甩在后面。之前落后的商家也能够凭此获得快速弯道超车的机会。所以，如果你之前没有抓住这个时机，请从现在开始好好把握吧！

## 3.2 颠覆你的货架思维，短视频思维逻辑

以前我们做淘宝都是基于货架思维，就是以搜索结果为导向来进行整个店铺的运营。但在内容崛起的时代，你就需要转变这种传统思维了。

从 2017 年开始，短视频成为内容崛起的一个先锋排头兵，发展非常迅猛。淘宝取消了很多对短视频的限制，例如停止对所有店铺短视频流量计费、头图短视频向所有商家开放等。

首先以前淘宝的主图只能是 1 张图片，而现在只要你上传了短视频，那么第一个显示的就是短视频。

以前，公域内容频道里的绝大部分内容都是产品图文的形式。而如今，短

视频的比例越来越高，无数的案例都表明短视频在电商运营中对用户停留时长、产品转化等数据上的提升都起到了巨大的作用。

现在商家的优质主图短视频内容已经可以在公域渠道中展示了，而且未来比例会越来越高，例如每日好店、微淘、猜你喜欢等。淘宝会根据你的主图短视频的各项数据的表现，比如转化率、单客停留时长、点击率等指标进行评估。只要你的短视频表现得足够优秀，那么就能有机会获得这些公域频道的大量免费流量。而在以前，这些都是属于私域的范畴，只有找达人发布的短视频内容才能在公域获得展现。

当然也可以寻求达人帮你制作或发布宝贝短视频。只要短视频制作足够精良且符合生活消费场景，那么这个视频就可能会被贴上"映像淘宝"的标签，有机会在各大手淘频道里面展示。

在店铺中，也增加了一个叫作"视频"的模块，店铺所有的视频都放在这个模块里，用户可以很方便地看到这些视频。

视频主图

有分析统计，有短视频的产品的转化率普遍比没短视频的产品高 30% 以上。

Chapter Three
**第 3 章**
如何利用短视频提升 50% 成交

有人担心观看主图短视频不能前进、后退，需要被强制看完 30 秒，不符合碎片化思维。但淘宝已经想到了这一点，商家可以在这个视频中贴上材质、颜色、功能、操作等不同的标签，点击标签就可以展示相应的内容，这样就能够让潜在用户根据自己感兴趣的标签快速读取相关的视频片段。

视频标签

短视频的优势还在于它能够引流。短视频的内容存在周期一般都比较久，基本所有内容渠道，比如有好货、淘宝头条、每日好店等，都能维持三个月以上的高曝光量。展现位置千人千面，引流的都是精准人群，对增加店铺流量非常有效，要知道仅每日好店的头部短视频内容观看量就已经达到几十万的级别。

淘宝刚刚发力短视频的时候，还曾经爆出这么一个小道消息，如果不做短视频就会被降权，这吓到了很多人。实际上，不做短视频是不会被降权的，但是如果你做了，不管是产品还是店铺都会有一定的加权。相对而言，如果别人都做了短视频，都加权了，而唯独你没有做，其实也就是变相地被降了权。

从以前的随便拍几张图就可以开店，到专业化的图片设计，再到现在更高要求的视频内容……淘宝一直在不断地进化升级，商家以往的纯货架思维一定要改变！

## 3.3 利用视频的竖屏思维，让广告效果提升2倍

竖屏思维不仅在淘宝详情页中有体现，在短视频中也有体现，毕竟从PC端的横屏到手机端的竖屏，用户的浏览习惯一直在不断改变。

淘宝也早已经捕捉到这个变化，他们在经过了几个月的内测之后发现3∶4竖版短视频在视觉上体验更好，在引导成交转化率及视频播放率等核心指标上都高于传统1∶1的视频。因此，在2018年年初，淘宝推出了优先基于3∶4的竖屏短视频的新版详情样式，鼓励商家拍摄竖屏优质视频，竖屏正在成为短视频的新风口。

事实上，淘宝竖屏短视频的发力也是因为外部环境的变化。近两年来，快手、抖音、火山小视频等短视频发展迅猛，引发了视频行业整体的大变革。

竖屏视频发展迅速

短视频的商业化不容小觑。如今，抖音上还出现了购物车的按钮，点击之后会直接弹出产品推荐的链接，可以直接跳转到淘宝App的购买页面。这也是继快手、美拍之后，抖音成功地打通电商入口，实现让用户边看边买的功能。

为什么竖屏的短视频具有这么大的魔力呢？

Chapter Three
第 3 章
如何利用短视频提升 50% 成交

1. 用户习惯的养成

这几年短视频的风潮，使竖屏成为移动时代的主流短视频的标配，这养成了人们观看竖屏视频的习惯。而方形的视频会对观看体验造成很大影响，并且在无形之中消磨用户的观看兴趣。同样的两个短视频产品，一个是方形小屏的，一个是竖版大屏的，人们的观看感受是完全不一样的。

2. 信息更全

淘宝竖版视频的变化，不仅是从"3∶3"到"3∶4"的比例转化，而是将整个视野扩大了 1/3。画面的增大也意味着可以容纳更多的内容信息。比如在编辑视频的介绍说明文字的时候，就会有更多的空间，不会对产品造成遮挡。

信息更全

3. 画面更沉浸

在碎片化的时代，用户的注意力极易分散，而竖屏的短视频能够更好地吸引用户的注意力，因为竖屏看上去更贴近实景，视觉效果更震撼，让画面更具有吸引力。

画面更沉浸

### 4. 竖屏主图

在上传了规格为3∶4的竖版视频之后,你就有资格使用更大的同样规格的5张竖屏主图。5张主图的营销力和视觉冲击力比之前的主图更强,能表达更多的内容,能够大大提高产品转化率。

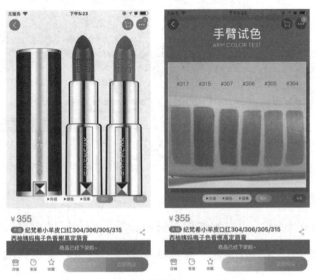

竖屏主图

由于竖屏短视频有以上诸多优势，因此，如今很多淘宝行业标杆商家包括戴森、林氏木业、雅诗兰黛、三只松鼠等都已经完成了从方形视频到竖版视频的过渡。

你现在就可以登录旺铺详情后台 (xiangqing.wangpu.taobao.com) 提交竖屏的短视频了。

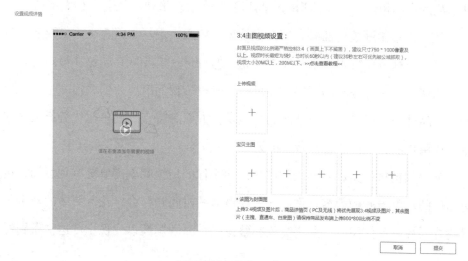

提交竖屏短视频示意图

## 3.4 怎样做短视频内容，让用户爽快下单

现在大家已经知道短视频营销的重要性了，那么我们应该要做什么样的短视频？怎样才能通过短视频来引导用户购买呢？

首先，短视频一定要符合目前整个无线端碎片化的特点。因此，淘宝将所有短视频的时长范围设定在 3 分钟内。具体到不同的展现位置有不同的限制条件，其中在店铺首页是 2 分钟内、微淘 3 分钟内、详情页 1 分钟内。为了保证无线端的性能和速度，建议把视频大小控制在 10MB 以内。

你的视频内容必须要让人看完以后产生立即购买的欲望，需要立体地展示产品，把核心卖点、设计思路等都展示出来。如果是故事型的短视频，那么在内容的选择上可以是产品背后的故事，商家做这个店铺和产品的初衷，品牌故事等。

还可以在店铺内的短视频中添加一些互动的插件，比如抢红包、抢优惠券、边看边买、拼图抽奖等。让用户在看视频的时候，也能被提醒和刺激下单。做短视频最终还是以成交为核心。

以上是短视频的最基本要求。然而不同的产品有着不同的展现需求，比如展示型的产品短视频和功能型的产品短视频在表现形式上就会有很大不同。

比如你是卖服装的商家，那么你就需要把服装展示得很美，一定要有模特来做展示，这个模特不一定要非常漂亮，但身材一定要好，能够在最短的时间内快速展示出这件服装的优势。如果你是卖投影仪的商家，那么你就不仅需要展示产品外观，而且还需要把产品功能及各方面的特点、性价比优势都表达清楚，让用户能够快速了解并做出决策。

如果你销售的是相对高端的产品，那么你的短视频就需要更有创意的、更有品位的、更走心的内容。你需要消耗更多的时间和精力，花费更多的资金去寻找好的视频制作团队。最终需要在整体感、品牌调性以及视觉传达上做到尽善尽美。

如果你销售的是刚需类产品，那么你可以做一些测评类的视频，让用户更加了解你的产品。如果你的产品属于非必需品的话，那么你的视频就必须要做得更加好玩，让用户觉得有趣新奇，要让他们对产品感兴趣。

当然你也完全可以根据自己所要投放的流量入口来决定自己应该做什么类型的短视频。

短视频内容的制作方向有很多，比如展示类、测评类、教学类、资讯类、故事类、剧情类、脱口秀类、创意广告类等。大体可以分为两种类型，一种是产品型的短视频，一种是内容型的短视频。

产品型的短视频以产品展示为主，主要是展现产品的各个卖点，让用户在短时间内快速了解产品的基本情况。一般不会有太多的画外音或字幕，配乐以好听的背景音乐为主。对视频质量的要求相对较低，商家自己就可以拍摄；时

## 第 3 章
### 如何利用短视频提升 50% 成交

间要求也相对较短，30 秒就完全可以实现效果。短视频可以拍成竖版或横版，要求节奏明快，信息表达准确，能够代替图文说服用户点击购买。这类短视频更有可能出现在有好货、每日好店、购买后推荐宝贝、猜你喜欢等行业垂直频道。商家最常采取产品型短视频形式，内容形式比较简单，商家也可以在达人平台发布任务请第三方制作，几百元钱就可以制作一条短视频。

内容型视频一般带有故事情节或者有一定的内容，配有旁白和字幕，并非纯产品介绍，对制作的要求会相对更高一些，商家最好是找专业的机构来做这类短视频。这类视频一般会发布在每日好店、淘宝头条等内容渠道。

内容型视频

最后笔者建议中小型店铺首先要把详情页的头图视频，也就是产品型的短视频做好，这非常重要。因为产品型短视频内容形式相对简单，拍摄门槛较低，商家完全可以自己拍摄，即便是请第三方机构制作，价格也很便宜。

而内容型短视频拍摄成本较高，其次内容型短视频对于树立品牌形象帮助较大，对于直接促成成交，效果不如产品型短视频直接。对于中小型店铺来说，最重要的应该是促成成交。所以你可以先把店铺里核心的爆款产品头图短视频先做起来，然后再一步一步地发展内容型的长视频。

## 3.5 如何免费登上有好货、淘宝头条，让流量滚滚而来

我们都知道，商家上传的短视频通过审核后就会进入到"印象淘宝"这样一个短视频库，从而获得被各个渠道抓取的资格。但是能否真正进入到这些渠道很难预料，你的短视频很可能一年都无人问津，也有可能会在第一时间就被抓取到，从而获得暴涨的流量。

那么如何才能让自己的短视频更容易被各大流量渠道抓取到呢？首先我们要了解各大流量渠道的特点。一般来说，你的视频是否会被其他渠道抓取到取决于你的视频场景和特点标签，印象淘宝的主要抓取渠道包括有好货、猜你喜欢、每日好店等。

所以如果你想要进入有好货这个渠道，你就应该拍摄符合有好货渠道的视频，其他的同理。那么接下来，我们就来看看这些渠道分别对视频有些什么特别的要求。

### 1. 有好货

短视频时长要求在 15~30 秒，渠道会优先选择数码电器类、美妆家居类的产品。所以，视频的内容应该以针对单件产品的功能和特点做展示。一般来说，小众的、有特点的品牌，新品、特殊的款式、有创意的、单价相对高的产品以及海外产品比较容易被抓取。

### 2. 每日好店

每日好店里的视频内容可以是店铺品牌故事，也可以是店主的个人故事。内容有调性且丰富，不是单纯的产品介绍，时间不受限制，可以采取小短剧的形式。

### 3. 猜你喜欢

限制不多，只要是数据表现好的视频都可以，但以展示产品本身为主的视频居多。

品牌故事

### 4. 淘宝头条

淘宝头条是以内容为核心的平台,内容不限,按照优先等级:护肤彩妆、数码、美食(不仅是食谱教学,与吃有关的内容,如大胃王密子君等)、搞笑幽默(萌宠、宝宝、脱口秀等)、居家生活;亲子、汽车、影视、淘系业务相关内容;文艺、个性领域(手作、旅行、运动、星座、二次元、摄影、游戏等)。重点类型包括资讯、评测、知识百科、教学、盘点、创意广告、剧情、脱口秀等,非常丰富。

淘宝头条要求不能像有好货那样做硬性推广短视频,而是需要以有趣的内容为主,加入优质的软广告,比如测评、教学、产品资讯等。

当然,短视频的核心是质量。如果短视频的质量不高并且没有好的数据,那么你也不会有更多的展现机会。

在短视频功能刚发布的时候,视频质量参差不齐,后来经过淘宝的筛选,如今那些劣质的短视频绝大部分已经被清理出去了,留下来的都是质量过硬且数据表现好的短视频。

那什么是高质量的短视频呢?

首先你可以做一个视觉上的直观判断。想要被推送到公域流量,你的视频要在创意上和拍摄质量上都保证一定的水准。

这是肉眼的判断,还有很多肉眼判断不了的时候,那么这个时候数据就是最好的评判指标。视频数据评判分为两部分，一是视频素材质量评判，二是视频效果质量评判。以下评判标准均选自淘宝官方论坛。

视频素材质量分评判标准如下。

（1）视频清晰度：视频画质是否清楚；画面要求为1080P，比例为16∶9、9∶16，也就是横版和竖版都支持；画质清晰，码率大于1.56Mbps；拍摄的环境光线要尽量充足，背景干净；棚内或者室内拍摄必须要打光，以保证光线充足，拍摄效果清晰自然。

（2）视频图片质量：视频的封面图是否优质，要求高清无水印。

（3）视频文本质量：视频的标题和描述是否通顺，简洁清晰。

（4）互动产品质量：视频关联的产品质量，如产品的DSR（服务评级系统），产品是否有违规行为等。

视频效果质量分评判标准如下。

（1）视频观看人数：有多少人看了短视频。

（2）视频观看时长：每个人观看短视频的平均时长。

（3）视频观看完成度：每个人观看视频时长和视频总时长之比的平均值。

（4）视频详情页浏览人数：进入到视频详情页的人数。

（5）视频引导进店率：通过视频播放器产品小卡、产品list或视频详情页进入店铺且成交的人数和进入店铺的人数的比例。

（6）视频互动率：参与到视频的点赞、评论、互动的人数和观看视频的人数的比例。

这里要提一句，虽然主图短视频时长要求在1分钟内，但是我们建议做到30秒以内，因为很多其他渠道的视频都是限制在30秒以内的，所以，一旦你的主图视频超过30秒，就没办法被"有好货"抓取展现。所以主图视频时长最好在15~30秒，以便获得最多的展现渠道。也可以让视频制作团队帮你做2个版本的视频，一个是1分钟的短视频，一个是30秒的短视频。1分钟的短视频可以用在无线端的详情页部分，而30秒的就作为主图视频。

# 第 4 章 Chapter Four
# 全民直播时代,商家直播营销怎么做

如今移动端的流量已经趋于平缓,所以现在所有的平台都在抢占用户的时间,而淘宝对直播的倾力扶持就是为了让用户更长时间地使用淘宝。

直播已经成为淘宝宣传和销售必不可少的一个环节,每个店铺都将拥有一个属于自己的"直播电视台",甚至我可以大胆预测,未来每个商家都要通过直播销售产品,而主播就是现在线下的店员。

## 4.1 5大优势告诉你,不只是大商家需要做直播

在观看淘宝直播的人群中,女性占多数,淘宝直播可以分为达人直播(公域流量)和店铺直播(私域流量)。

店铺直播和达人直播的展示权限其实是一样的,但如果你在其他平台是一个达人,而你的店铺影响力一般,且你的达人身份的知名度大于卖家身份,笔者建议你以达人身份来做直播;如果只是普通的卖家,那么就直接以店铺的身份来申请店铺直播。

有人会问,为什么一定要开通商家直播呢?我不做直播一样可以有销量啊。当然,不做直播也可以。但如果做了直播,会有更多好处。这不是必选项,但绝对是加分项,尤其是对于某些类目的商家来说。为什么商家一定要做

直播呢？这里总结商家直播的五大优势。

**1. 商家直播可以有溢价，打造品牌**

淘宝一直是比价的市场，所以很多优质的产品因为比价系统从而在与同类低价产品的竞争中一直处于劣势。而直播的出现改变了这一局面，在直播中，你可以把产品的优势详细地告诉消费者，并且在打造直播内容的过程中，让品牌深入人心。

效果最明显的是一些网红的直播，她们能够利用个人魅力通过一次直播就让原本卖200多元的衣服卖到400多元。比如大家都熟知的张大奕等知名网红，都能很轻松做到这一点。

有商家直播权限的商家可以发布预告视频，这些视频可以在全网多个流量渠道中得到展示，也能够增强品牌的影响力。

**2. 商家直播可以引流**

2018年，商家直播已经可以通过微淘进行更多的展示并放大其影响力。好的微淘直播活动也能够更多地展现在公域流量中。我们都知道，在淘宝首页上位置越靠前流量越多，所以，淘宝直播位置的提前预示着淘宝直播的流量还会有一次大爆发。

**3. 商家直播可以维护粉丝**

如果你的微淘粉丝足够多，那么商家直播也是一个很好的宣传机会，你可以通过直播让老用户们更多地参与进来，有效提升复购率。

有的商家担心自己的形象不佳，不适合出镜。其实这完全没有必要，因为电商直播确实会对主播的外形有要求，但这个

淘宝直播

要求也不是绝对的。

**4. 人、货、场中的场景式直播，促进成交转化**

店铺直播还有一个很大的好处就是可以构建一个集合人、货、场三方的场景，让"人"在"场"中更好地了解"货"。

这个场景也不需要太大，线下实体店直接收拾一下，架设一个手机，就可以在店铺里直播。在每次上新的时候，你就可以直接在店里给粉丝们直播新衣服的试穿效果。

有一家卖高级浴盆的店铺，通过直播获得了超高的转化率。因为他们直接在浴室的样板间里直播，让人有身临其境的感觉。目前该店铺已经从过去传统的"货架+客服"模式变成了一天直播10小时的"电视购物"模式，还聘请了专门的策划团队来设计直播话题和互动玩法。

做海外代购的商家也特别适合开通店铺直播，因为对代购而言，最重要的就是信任，如果把代购过程通过直播的方式展现给粉丝们看的话，信任感瞬间就可以建立起来，销售也就顺理成章了。

**5. 不适合做达人直播的产品都可以做商家直播**

很多商家的产品不太适合达人直播。这种情况下，商家直播也是一个很好的选择。

比如杭州一家专门卖大码女装的网店一直想做直播，但一直找不到合适的达人来帮他销货，因为达人直播的达人都是身材很好的模特。于是商家就自己招了几个胖模特做直播。通过这个方式，2017年该网店营业额超过一亿元。

特别专业的产品也适合做店铺直播。比如很多卖翡翠的、卖玉的商家也开始做直播。因为此类产品只有专业人士才能完整地把产品价值表达清楚，所以越来越多的翡翠店铺都开始做店铺直播，为用户答疑解惑。

总体来说商家可以使用直播这种工具，为店铺经营做多元化的展现，有百利而无一害。

珠宝商家直播

## 4.2 普通商家如何快速开通直播

商家想要在淘宝直播需要满足一定的基本要求。首先至少是一钻的商家，店铺类目要在可开通店铺营销的类目范围内，其次是需要有一定的粉丝基础。针对不同的类目，粉丝数量的门槛不同。目前普通行业要求1万微淘粉丝，特殊行业要求3万微淘粉丝。特殊行业包括女装、美妆、母婴还有一些其他的类目。而天猫要求3万微淘粉丝。如果你已经是iFashion商家和大厂直供商家，那么可以忽略粉丝数要求，直接申请直播权限。

首先打开"淘宝官方营销活动中心"（https://yingxiao.taobao.com），然后搜索"商家直播"，找到"商家直播功能开通招募"，点击"立即报名"按钮。

## Chapter Four
### 第 4 章
全民直播时代,商家直播营销怎么做

商家直播功能开通

申请后,你还需要上传 3~5 个有商家出镜的微淘视频广播以全面展现自己的直播能力和专业能力。不仅仅是简单地介绍自己,也要介绍店铺和产品。视频大小目前只支持 1 分钟左右的、大小不超过 3MB 的视频文件。

虽然获得直播权限是免费的,但是这也并不能代表通过了就能在淘宝直播频道内浮现。关于如何获得直播浮现权在后面的章节会讲到。

## 4.3 如何发布第一场直播和预告

当通过直播权限审核后,就可以开始直播了。我们可以通过手机端或 PC 端来发布直播和预告,在这里主要讲解 PC 端直播,因为 PC 端的操作更方便。

首先在浏览器中打开"阿里多媒体中心"(https://liveplatform.taobao.com),然后点击左边的"发布线上互动直播与预告"按钮,如下图所示。

淘宝直播操作（一）

接下来进入淘宝直播中控台，点击"发布直播"按钮，如下图所示。

淘宝直播操作（二）

接下来是选择直播的类型（如下图所示），一般来说我们选"竖屏直播间"选项。横屏一般用来做大型的品牌现场活动直播，竖屏更符合观众的浏览习惯。

# Chapter Four
## 第 4 章
### 全民直播时代，商家直播营销怎么做

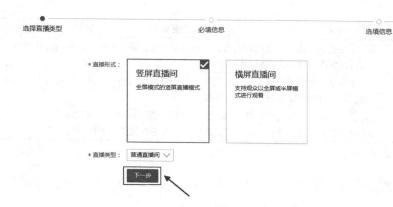

淘宝直播操作（三）

接下来进入"必填信息"页面，在这里填写你要直播的内容及相关信息，这个环节很重要，填得不好就很难获得浮现权。完成后点击"下一步"按钮。

（1）时间

如果选择"默认现在"选项，直播将立刻开启；如果选择其他时间，则须发布预告。

（2）封面

直播封面图的选择并没有太多标准，美观，能够吸引人点击，不要出现文字就可以了。

当然，官方对于不同类目的封面图要求也会有些区别。以下内容选自淘宝官方论坛公布标准。

**各大类目封面图要求**

| 类目 | 封面图要求 |
| --- | --- |
| 护肤美妆类 | ①必须为主播人物照片，不能仅仅是产品作为封面图；②护肤/妆后相关的美照；③需要和直播标题涉及的妆容类型保持一致 |
| 潮流搭配类 | ①必须为主播人物照片，产品不能作为封面图；②搭配后的美照；③需要和直播标题涉及的搭配类型保持一致 |
| 全球现场类 | ①主播照片（国外代表性地标场景下的图）或国外生产产品的实拍图；②图片需要和直播标题所在国家的特色保持一致 |
| 母婴类 | ①只能是主播或产品图片；②和直播标题涉及的内容场景保持一致 |

（续）

| 类目 | 封面图要求 |
|---|---|
| 美食类 | ①主播或主播＋美食照片均可；②如果是美食，需要图片色泽鲜明有吸引力，且和直播标题涉及的美食类型保持一致 |
| 生活类 | ①直播或生活场景或商品照片均可；②如果是生活场景，图片要简洁干净或细节突出，且和直播标题涉及的生活场景保持一致 |
| 品牌类 | ①代言人/主播或产品都可以；②如果需要加品牌标志，将其置于画面的右上角，其他文字均不能出现；③需要和直播标题涉及的内容场景保持一致 |

（3）预告视频

频道预告视频要求：尺寸为 16∶9，视频长度一般为 3~5 秒，画面整洁干净，产品和人要很和谐地展示出来，最好没有水印。

（4）标题

标题是有字数限制的，要求在 12 个汉字以内，所以你需要利用好这 12 个字描述清楚直播的利益点和粉丝们关心的问题。不要写太官方的套话，一定要想办法吸引粉丝们点击。

（5）直播简介

直播简介是对直播内容的介绍，说明在这次直播中给大家展现的内容，让粉丝们有所期待。字数要求在 140 个汉字以内，内容可以是嘉宾介绍、直播流程、产品介绍和背后故事等。可以多看那些直播做得很好的优秀商家的简介，从而学习如何写好直播简介。

（6）直播标签

选择内容分类标签。每场直播只能选择一个标签，标签需要和你的直播内容定位一致。

（7）推荐产品

笔者建议每次直播都推荐 3 个产品，这样有助于产品的销售。

（8）直播位置

打开定位，要求必须是真实的位置。

接下来是选填信息设置，可以设置也可以不设置，看个人选择，建议每个商家都尽量设置好，因为成功取决于细节。

Chapter Four
# 第 4 章
全民直播时代，商家直播营销怎么做

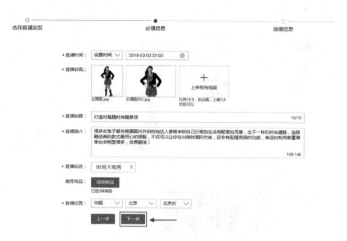

必填信息页面

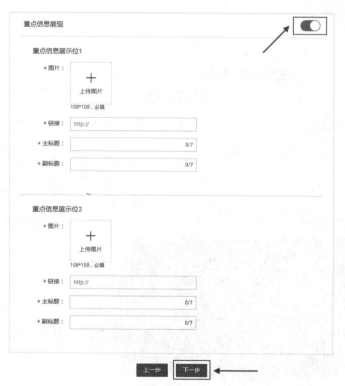

选填信息页面

接下来是设置信息的确认，仔细检查后，确认没问题了，点击"确认发布"按钮。

**无内容不电商：电商内容运营指南**

设置信息确认

发布完成后，这次直播或直播预告在后台展示情况就如下图所示。默认是店铺同步，也可以选择同步到微博和产品中。如果点击"正式开播"按钮，那就可以提前开始直播。

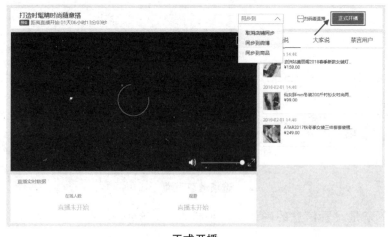

正式开播

最终，在手机端微淘的展示情况如下图所示。

## 4.4 完成一场能卖货的商家直播仅需简单3步

直播其实并不复杂，只要把看上去复杂的直播模块化、流程化、标准化，技术小白也可以快速掌握。在内容营销时代，每个淘宝策划人员都需要成为导演。

首先需要明确直播的目的，直播前先把剧本写好，然后按部就班地开讲，不要随意发挥。开播前后需要进行宣传，所有事项都要有详细的计划。那么如何做计划呢？可以分为以下3个步骤。

展示情况

**1. 直播前准备**

商家直播前一定要做充分的准备工作，把所有可能会发生的问题都尽量在准备阶段就处理好。根据直播的目的将播报时长、播报内容等大体框架建立好。

直播运营可以学习电视购物节目，要有规范的流程，根据节目表进行。商家需要准备的是：①活动方案和直播脚本；②工作人员的分工；③准备好相关数据及资源；④做好预热：包括直播预告和其他内容渠道的预热，然后围绕直播利益点制作花絮、预告视频、海报、图文预告等，在各个宣传渠道进行预热，引导粉丝提前进行互动、分享。

**2. 直播中互动**

在直播的过程中，商家需要有一个明确的主题，主播需要懂得把握节奏，需要有亲和力。

在直播流量少的时候，可以把节奏放慢一点，主要以与粉丝互动为主，感谢和问候每一位刚进来的粉丝，并提醒他们关注自己的店铺。

如果在刚开始直播的时候，观众数量不是很多，那么最好安排 3~5 个忠实粉丝或员工来做产品互动。

主播可以在直播中以提问互动、密令互动、秒杀、评论等方式不断与粉丝进行互动。

### 3. 直播结束后沉淀

直播结束后也需要做宣传，进行二次营销。如通过微淘、微信、微博、群聊等将视频内容进行二次传播。如果是大型、有影响力的活动，可以将内容作为素材分发给媒体，使事件持续发酵。

在直播接近尾声的时候，可以给下期的直播做预告或铺垫，给粉丝们一点期待感。

最后对直播活动进行总结并反馈给淘宝小二，让小二看到店铺直播的效果，这有利于浮现权的获得。但别忘记只有好的直播内容才能带来更多的流量。

## 4.5 如何获得手淘首页浮现权，暴增免费流量

淘宝直播官方会对做得好的商家主播们给予一些奖励，而最大的奖励就是公域渠道的浮现权。

没有获得直播浮现权的一般被称为散户主播，有了浮现权后，直播才能进入直播频道或淘宝首页，被更多人看到。

### 4.5.1 赛马——影响首页浮现权限的因素

淘宝对于浮现权限的评判标准主要是商家在一个月内的直播数据表现的赛马。一个月的浮现名额只有几十个，而竞争对手却成千上万，如果直播表现不是很优秀的话，那么获得浮现权的可能性微乎其微。

赛马主要是数据上的综合比较，包括直播相关数据和店铺的经营数据，表

现都很好的商家才有可能得到浮现权。

在所有的数据中最重要的三个数据是：粉丝增长数、观看人数、成交数。

当然还有其他因素也可能影响浮现权的获取，如：

（1）不要违规，如封面图、标题，直播间环境不得提及其他通信软件，不得空镜头，不得播放录像等。

（2）主播不能不修边幅，直播间要整洁。

（3）主播随便使用非本人照片作为封面的均属违规，不可获取浮现权。

（4）售卖劣质产品及来路不明的尾货、孤品的主播不可获取浮现权。

## 4.5.2 揭秘直播间的搭建规范，安全获得浮现权

为了让粉丝们得到更好的体验，能够更久地留在直播间，就一定要有规范化的直播间布置。淘宝也对此有基本的规范，以下内容选自淘宝官方论坛公布的标准。

（1）背景。以浅色和纯色背景墙为主，简洁、大方、明亮为基础，不能花哨。比如潮搭类内容，衣服不能随意乱搭在衣架上，最好学习商场的那种摆放形式。

（2）装置规范。衣架、衣柜可以放，但是不能乱七八糟地摆放，如果做不到整齐，就不要让衣架出现在镜头里。假模特数量控制在1~2个。

（3）主播信息展示。主播的个人信息建议用小黑板展示，和整体背景调性保持一致，不要在墙上乱贴五颜六色的纸，那样会显得很低端。

（4）渲染气氛。适当的背景音乐可以渲染气氛。小灯串可以放，但是灯光不要太亮，不要分散观众的注意力。

（5）如果主播去换衣服，助理最多出镜半张脸，建议主播用画外音不断和粉丝保持沟通互动。如果需要助手或模特等搭档出镜，主播需要和她同时出现在直播间。

要获得浮现权限，直播间最好还要有一定特色，包括背景的设置、样品的

摆设、品牌标志的露出等。如果是卖红酒的商家，那么直播间的环境就可以布置得像红酒酒庄。这样用户就会产生代入感，显得直播的档次很高。

在淘宝直播越来越专业化和规范化的今天，想要脱颖而出，需要在各方面都做得比别人更好、更专业。

### 4.5.3　把握直播细节，轻松获得浮现权

对于卖家直播来说，每场直播时长最好不少于3小时，而且最好是每天在固定时间直播。直播时间的固定能够最大限度地培养粉丝的观看习惯。

在直播时间固定之后就尽量不要更改时间，而且一定要准时，不要迟到。即便是主播迟到了，也要先打开直播，可以让助理或其他人先热场，不然粉丝们会有很不好的体验。

直播时间建议：

0—3点：这个时间点看直播的，一般都是比较寂寞、容易失眠的人，虽然人少，但不缺消费能力。

7—12点：这个时间段看淘宝直播的人群相对来说时间比较自由。此时平台上开直播的商家较少，竞争小，相对来说比较容易圈粉。

12—14点：午休时间看直播的上班族比较多，这部分粉丝收入比较稳定，粉丝质量相对较高。

14—18点：不建议在这个时间段做直播，因为这个时间段直播的商家特别多，但是观众又很少，直播价值较低。

19—23点：这段时间是整个淘宝直播的流量高峰期，也是成交率最高的时间，是最适合做直播的时间段。当然竞争也是最激烈的，可以说是一场抢人大战。

直播的时长可以根据自身情况来选择，晚上可以直播得久一些，建议一天最好能播两场。

入选首页的规则是从频道入选的预告中择优选择，因此预告和封面图都很重要。预告视频内容的展现形式要有创意，以便入选首页。

标题、内容介绍、预告视频、直播视频内容、宝贝列表等都要保持统一性，不能让用户有落差感。有很多主播的封面图和直播时的真人完全是两个模样，这样很容易被判定为欺骗消费者。所以，如果主播的封面图是化妆的状态，那么直播的时候也必须是带妆的。

用户在直播过程中可以打赏主播，也可以给主播点赞，这些都可以提升人气值，而人气值会直接影响到你的浮现权限。你也可以引导粉丝们去录屏，然后分享到微信朋友圈、微博等社交平台。主播在直播的过程中可以不断提醒粉丝们去做这些动作。

## 4.6 这样的直播套路，竟然能多拿 50% 订单

手淘直播和其他直播平台有所不同，其他直播更像是个人秀的平台，而手淘直播却是用来卖货的。无论是一般的主播还是明星，归根结底，其目的都是为了最大限度地将产品销售出去。

淘宝直播平台是最好的产品直播销售平台，因为其他的直播平台大都没有自己的电商系统。如果在其他平台上直播，还需要把用户引导到淘宝这里来，非常麻烦。如果你要做直播营销卖货，首选肯定是淘宝直播。

一场能卖货的直播内容可以分为两条线，第一条是关于专业知识的，让用户看完之后，能够有所收获，不那么单调，并认可你；第二条是需要会利用各种手段和套路来卖货。

我们先来聊聊专业这条线，专业分两种：一种是主播了解产品的专业能力，一种是主播的专业沟通能力。

首先，主播对产品的了解需要足够专业。毕竟你是卖这个产品的，你都不专业，凭什么让别人相信你，放心地把钱交给你呢？专业性一般体现在以下 3 个方面。

（1）对产品一定要熟悉，比如产品的成分、特点、使用步骤等。有的主播对用户的问题一个都回答不上来，甚至当场翻说明书的都有，这种就是不专

业。用户很难对这样的主播产生信赖感。

（2）介绍详细，配合案例和细节展示。比如用户问产品是不是纯棉的，你就不能只回答一个"是"，你需要详细解释这个棉的优点，使用感怎么样以及与其他棉的区别等。

（3）根据用户特点，帮助用户决策。比如根据用户的肤色、身材类型等给出恰当的建议。比如有人会问什么颜色比较好，那么你就需要先问对方是什么肤色，然后根据肤色来推荐适合的颜色。

当然，专业不仅仅体现在对产品的深入了解上，也体现在主播个人的专业能力上。比如主播要能够一直保证直播过程中的各个环节流畅、不会断片。经常会有主播介绍完一个产品后，因为没有做充足的准备，现场寻找下个产品，这就是不专业。同时，直播现场的场地不要太乱，产品摆放多没关系，但要整齐、干干净净的。

还有很多用户选择看淘宝直播也是因为在直播中他们能够和商家互动，能够获得在其他平台上难以获得的被尊重感。主播需要用高质量、有趣生动的内容吸引观众成为他的粉丝，需要有较好的控场能力，需要口齿流利、思路清晰，与粉丝的互动性强。

能说会道、专业能力强的主播不一定能卖货。所以主播还需要具备卖货的意识和技巧，掌握直播卖货的套路。现在很多主播孵化机构会寻找电视台的那些电视购物主播们来给淘宝主播上课，培养他们的表达能力和销售能力。

目前，电商直播行业标准已逐渐建立起来。因此，未来的业务标准化将极大提高直播的效率和效果。在直播中，有主持经验的主播和刚入行的主播的口播效果肯定是差别很大的，因此电商要注重主播口播话术的培训。

卖货直播的第二条线是利用各种手段和套路来卖货。

主播卖货通常会使用的售卖方式是直播间限时秒杀。基本模式是当主播介绍完一件产品后，让助理到店铺上一个链接，并告知用户产品限量，秒完即止，错过不再有，营造产品稀缺的氛围。

这样的方式类似饥饿营销，就是要给用户一种手慢则无的感觉。当然，你必须要把产品塑造出物超所值的感觉，不断打击用户的痛点，或提高附属价值或给出优惠，也可以通过对比同类产品的方式来让用户觉得占了便宜。

还可以尝试其他玩法，比如整点限时特价、倒计时、给用户直播专享价＋直播专用赠品等。

目前做得最好的卖货方式就是主播秒杀，专门拿出一个利润款产品来做淘宝直播，以优惠券来吸引用户，每次直播的时候做秒杀，限量 20 份，每次都是 1 分钟抢光。

在直播的过程中，还可以使用各种淘宝小工具，刺激用户消费，提升成交量。淘宝的中控台提供了很多的功能，比如可以在后台分享宝贝、发红包、分享优惠券、发起抽奖等。

主播需要回答很多关于价格的问题，比如这个产品是否比"双 11"还优惠，多买几个是否有额外的折扣等。对于直播销售特别好的产品，还需要记录下来并及时补货。

最好能够找和产品气质匹配的主播，延长粉丝的停留时间。当然如果公司都是男性也没有关系，笔者认为男性做直播效果更好。淘宝达人直播的男女比例是 1：24，男性主播是很稀缺的。

观看淘宝直播的也是以女性为主，男主播更能吸引女性的注意。说得极端点，即便你是卖女装的，也可以找一个身材比较好的男生去试穿那些女装，这样可能会更加吸引粉丝去关注。有时候就是要靠出奇制胜，淘宝 3 万多主播，还有那么多开通了直播的店，如果你和大家都一样循规蹈矩地做，凭什么你能够获得更多流量？

## 4.7　5 招打造超级个人 IP，让所有人争抢着买

企业的店铺直播一定不能一直卖货。当然，除非你卖服装、卖书，每周只要上新就可以满足直播的需要。但如果你卖家具、乐器等不可能每周都上新的

品类，那么你就需要结合自身的特点和手头的资源，定一个目标，做好长久规划。如果能够用自己独特的、好的内容，打造出粉丝黏度高的个人 IP，即便你不去主动推销也能够自动卖货。

要用打造爆款的思路来打造 IP。主播必须要有个人直播风格，包括固定的直播时间，一致的画面、光线、场景的风格，主播的性格、态度等都能够影响消费者的信任度。

除此之外，还需要再从 5 个方面着手去提升直播内容，增加粉丝黏性。

### 1. 内容

直播内容应该有细节、有过程、有结论、有强辩，主播应该充当人肉广告机器的角色，要通过直播还原产品真实的情况。要准备好每一个细节，而不是单纯给粉丝各种商品折扣。单纯为折扣而来的粉丝是没有任何黏性的。

如果主播有个人才艺，那么可以结合产品进行展示。比如有一个卖乐器的商家，每天直播乐器演奏，同时销售自己的乐器器材，现在已经实现每天一万观众，每天增粉 300 个的成绩。这对于单品利润特别高的乐器店铺来说是非常有价值的。

卖书的商家开直播是一个非常好的选择。很多用户在选购图书的时候，只能够浏览到图书的目录，只凭阅读目录很难决定是否要购买。主播可以以说书人的身份进行直播，每天对一本书进行讲解，吸引粉丝来观看。

一位卖中老年女装的商家，因为产品类目小众并且比较垂直，所以他会特地邀请一些有气质的中老年模特来直播，这种方式产生了意想不到的效果，很多用户都表示很新鲜，觉得这家店与众不同。

### 2. 互动

直播互动的时候可以给粉丝们提供一些专属福利，这样能够大幅提升直播的互动性并有效涨粉。

在直播的过程中，语速不能太慢，不然会消耗粉丝的耐心。卡壳的时候不断重复提前准备好的话术。尽可能回复每条评论，并且做真实的自己，不要拘束，就像和朋友聊天一样就好，真实、自然是吸引粉丝的重点。

### 3. 加分项

要不断地给粉丝带来新鲜感，比如经常在直播间进行直播的商家，可以偶尔选择到户外进行直播，更换一下场景，变更一下直播内容都是直播吸引粉丝的加分项。

要学会炒作自己。如果你成了小有名气的红人，那么别人自然就会相信你，并且相信你的产品。

### 4. 节目化

商家一定要学会电视购物的技巧，整理出适合自己产品的直播销售流程，配合产品的上新和促销活动，做一个类似电视台的节目表进行直播预告。这样会显得更专业，直播将会更加有序，也会让用户黏性更强。

可以把周一定为上新日，周二定为特价日，周三定为会员秀，周四定为知识讲堂等，把所有直播内容节目化，形成固定的模式。这种专业方式对打造个人 IP 是非常有帮助的。

### 5. 坚持

除非商家本身就有一大批粉丝，否则在刚开始直播的时候，一定会有比较冷清的阶段。这个时候一定要坚持，只要坚持一个月，不断优化自己的直播，一定会看到令人惊讶的效果。

直播将来会越来越专业化，以前混乱的局面也势必结束。回归正常状态是好事，这也可以让众多主播、直播机构沉下心来做内容。只有优质的内容，才是用户、商家和淘宝平台所需要的。

# 第 5 章　Chapter Five
# 微淘私域流量攻略，抢占无限免费流量

微淘是淘宝中最重要的一个私域流量入口。商家制作的优质私域内容不仅可以让自己已有的用户看到，还有可能被推荐到公域中去展示，免费获得额外的公域流量。

手机淘宝用户端最重要的变革之一就是微淘。微淘早在 2013 年就被开发出来，内置在手机淘宝用户端。短短几年内，微淘随着手机淘宝（以下简称"手淘"）地位的提高而变得越来越重要。在进入 2017 年以后，微淘开始增加优质内容的曝光率和生命周期，这意味着私域内容将会吸引越来越多的精准流量。这是一个长期趋势。

此外，微淘还是淘系平台内唯一的粉丝运营阵地，也是手淘端口商家对老用户二次回访的入口。所以平台还会提供越来越多的工具，帮助商家更好地与自己的用户们进行互动，盘活用户，不断增加用户黏性和活跃度，让他们长期关注你的店铺，并且增加购买次数。对商家来说，微淘是一个非常重要的运营阵地。

## 5.1　微淘，真正的社区化内容营销平台

现在很多商家都不知道微淘的实际价值，只是把它作为一个发布产品、更

新动态的工具而已，甚至还有很多商家完全忽略了这个渠道。但实际上，只要善于利用，微淘的作用比我们想象中要大得多。

微淘模块现在在手淘首页上占据了一个很重要的入口位置，可以为商家大量地引入手机端的免费自然流量。对店铺的内容营销来说，微淘是店铺自主发布内容的首要平台，也是唯一平台，它具备以下功能。

### 1. 产品测试平台

你可以在微淘上发布新品、预售单品，也可以进行投票互动等。通过上新进行测款，如果粉丝反映很好，那就增加进货量，反之就减少进货量。你也可以配合投票的方式来了解粉丝的喜好，从而更好地为店铺的经营作决策。

### 2. 老用户维护平台

所有在你店铺购买过产品的用户，即便没有关注或收藏你的店铺，在打开微淘之后，你的内容也会得到优先展示和推送。所以，你的微淘完全可以成为一个高效的老用户维护平台。

你可以让老用户在第一时间知道店铺上了什么新产品，同时通过有趣的文章或视频内容来提升用户活跃度；利用平台自带的投票、盖楼、晒图等互动方式，与用户进行交流，增加用户黏性，提升回购率和回访率。

### 3. 产品及品牌介绍平台

我们都知道，宝贝详情其实很难完整地描述一个产品，并且有很多限制。宝贝详情通常很难涵盖用户想要知道的所有问题，有很多细节也难以展示，尤其是一些比较复杂的产品。所以在这个时候，微淘就可以起到一个二次介绍产品的作用。

从建立品牌认知的角度来说，微淘也很重要。尤其对那种比较昂贵的、质量更好的产品更有效。微淘通过不断地输出品牌和产品信息，能够有效增加粉丝的品牌忠诚度和品牌的美誉度。

网红店铺微淘的内容，如直播、视频、图片等对个人品牌的打造也是非常重要的。因为粉丝会形成内容依赖，进而长期关注你的微淘，想要购买你的店铺的任何产品。

淘宝有个 4 金冠母婴店就是这样，通过每天发布不同的母婴相关内容以及个人的一些生活、工作等方面的照片、视频等，短短 2 年就获得了超过 16 万名用户的关注。

微淘产品介绍

### 4. 营销活动入口

你可以通过微淘触达老用户，通知他们参加活动，对活动进行预热；你也可以通过抽奖、转发分享、有奖征文、有奖晒买家秀等营销活动，给店铺增加一个吸粉的渠道。

当然，以上都是建立在你有足够多用户的情况下，所以平时一定要注重用户的积累，不断引导你的用户关注和收藏店铺，不断更新有价值的内容。下面我们就来详细为你讲解如何运营微淘。

Chapter Five
**第 5 章**
微淘私域流量攻略，抢占无限免费流量

微淘营销

## 5.2 微淘流量入口及后台管理

微淘有 2 种展现内容的方式，一种是用户自己的主动订阅，另一种是系统对优质内容的自动推荐。

潜在用户进入你的店铺首页后，点击右上方的"关注"按钮，即可成为你的微淘粉丝，每天接收你所有的微淘内容，比如上新等信息的推送。自动推荐指的是系统根据用户的"千人千面"标签，选择性地匹配用户感兴趣的内容。

微淘的推送机制是这样的：你的微淘内容首先会被推荐到你目前已有的粉丝那里，推送完之后，淘宝会对此次推送的后台数据，如浏览量、互动率、用户停留时长等，进行监控。浏览量高、互动率高、用户停留时间长的内容就会被自动推荐到微淘公域，即首页平台上，让更多的潜在用户看到。如果你推送的微淘内容在公域部分的数据表现非常好，那么微淘内容还可能被推荐到专题热榜中，获得更大的流量。

那么微淘内容的展示入口在哪里呢？

一个是在手机淘宝首页下方的"微淘"版块里面，这里面包括了"关注动态""微淘推荐"和"微淘频道"选项；另一个是在你手淘的店铺首页右上方的"微淘动态"选项里面。

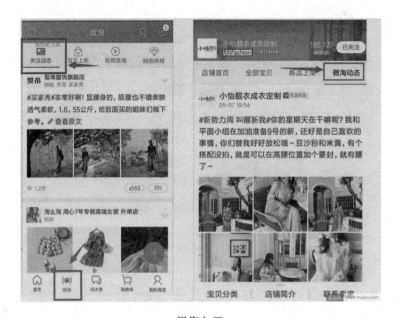

微淘入口

微淘如今又增添了一个单独的微淘管理中心——淘宝达人（https://scholar.taobao.com/index.htm）。商家可以在这里发布微淘，查看微淘数据，管理粉丝，和粉丝进行互动等。在浏览器中输入链接即可进入微淘管理中心（见下图）。同时，你也可以通过点击"卖家中心—店铺管理—手机淘宝店铺—发微淘"选项的方式进入微淘的后台。

Chapter Five
**第 5 章**
微淘私域流量攻略，抢占无限免费流量

微淘管理中心

在微淘后台可以看到微淘所在的层级以及升级要求，你可以根据这个数据（见下图）对自己发布的内容做出方向性的调整。

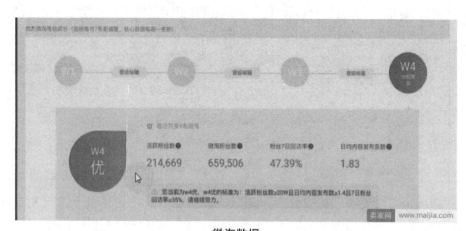

微淘数据

为了让商家更直接地了解自身微淘的情况和微淘运营的基本问题，淘宝将微淘分为 W1、W2、W3、W4 四个层级。这 4 个层级在前台展现商家的微淘能力，它们一一对应基础微淘能力、初级微淘能力、中级微淘能力、高级微淘能力。当然还有一个隐藏的级别，叫优选账号，也就是W5级别，后文会详细讲到。

不同的级别对应不同的标准，你可以根据这个标准来查看微淘等级升级所需要的条件（见下表）。

注意：在升级后，一定要努力维持，保持该层级的对应状态，不然很快还是会跌下去的。

**微淘等级表**

| 账号等级 | 活跃粉丝数 | 粉丝数 | 粉丝7日回访率 | 日均发布数 | 层级状态区别 | 能发布的条数 |
| --- | --- | --- | --- | --- | --- | --- |
| W1 | — | — | — | — | — | 1 |
| W2 | — | 5000 | 30% | — | 差：7日粉丝回访率<25%或粉丝数<4000<br>优：7日粉丝回访率≥30%或粉丝数≥5000<br>良：除差、优以外的账号 | 2 |
| W3 | 5000 | — | 35% | 1 | 差：7日粉丝回访率<30%或周内容发布数<0.8或活跃粉丝数<4000<br>优：7日粉丝回访率≥35%且活跃粉丝数≥5000且日均内容发布数≥1<br>良：除差、优以外的账号 | 3 |
| W4 | 10万 | — | — | — | 差：活跃粉丝数<10万或日均内容发布数<0.8或7日粉丝回访率<30%<br>优：活跃粉丝数≥20万且日均内容发布数≥1.4且7日粉丝回访率≥35%<br>良：除差、优以外的账号 | 4 |

微淘也可以发布"买家秀"，而这个"买家秀"并不占用每天微淘发布内容的额度。

微淘发布之后的效果你可以通过微淘数据模块（见下图）看到，包括整体的引流状况、转化情况以及流量的整体来源和去向等。

Chapter Five
**第 5 章**
微淘私域流量攻略，抢占无限免费流量

微淘数据模块

除此之外，"微淘粉丝管理"页面可以清晰地看到粉丝概况，也可以直接看到自己发微淘后的效果（见下图）。

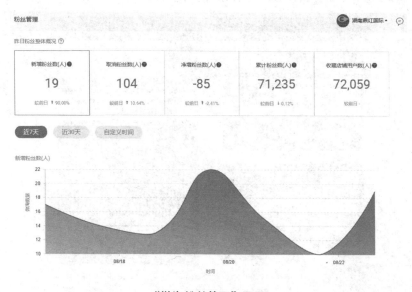

"微淘粉丝管理"页面

## 5.3 如何发布一篇能带货的微淘内容

发布微淘内容,看起来好像比较简单,但实际上并没有那么容易。如何根据用户的喜好选择更好的内容,如何执行到位,如何规划不同类型的内容等,都具有很强的技巧性。

因此,本节我们来看看微淘到底该发布什么样的好内容,才会获得更多的推荐和流量,从而粉丝才愿意和你互动。

微淘作为一个内容平台,首先要满足的最基本要求就是能够为粉丝带来额外的价值。这些价值包括满足粉丝求知的需求、获取最新信息的需求、好奇心方面的需求、情感方面的需求等。

比如你是销售女性服装的商家,那么你就可以想想,你可以提供什么样的内容,从而给粉丝带来更多的额外价值?比如,发布一些穿衣、化妆的技巧,是不是对你的用户以及潜在用户有帮助呢?当然你也可以抢抓一些文娱类、时事类的热点,明星八卦趣闻等作为话题,这些都是女性比较关注的内容。当然发布一些商品的上新也是可以的,包括我们的买家秀、品牌文化、情感关怀文章、购物心得等,总的来说就是找粉丝喜欢的话题。

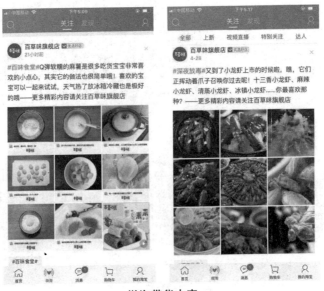

微淘带货内容

### 5.3.1 如何发布不同类型的内容

那么具体来说，要怎样发布这些内容呢？微淘的内容主要分为3种：纯图片、图文、视频。

微淘内容的长短可以根据情况安排，并没有具体的规定。如果发布的是商品推荐类的内容或经验分享类的内容，那么一般来说500~1000字就差不多了。当然如果发布的内容非常吸引人，那么字数可以适当增多，但最多也不要超过3000字。

#### 1. 图片

产品图尽量清晰干净，以便用户了解图片所展示的商品。不能使用带有"牛皮癣"的图片，如水印等。不能使用太模糊的图片。图片中尽量不要出现文字，如果一定需要文字，尽量控制在5个字以内。

#### 2. 文本内容

标题不能是纯数字，不能是商品名称，不能包含促销关键词；副标题不能漏写，主标题和副标题不能雷同。内容必须是原创的，没有知识产权问题。可读性要强，而且和所推荐产品的关联性也要很强。不允许出现微信、QQ等平台的联系方式。排版至少做到清晰干净，不能有杂乱的符号，不能全部都是连续图片，不能大段地堆砌文字而不分段，不能仅有一句话或者是一张图片。

#### 3. 视频

视频的最佳时长在1~2分钟左右，超过3分钟的视频无法发布。视频的大小一般在20MB以内。视频内容尽量以实地考察、商品开箱、性能评测、视频教程为主，如果做不到，那么也可以发布一些简单的使用说明类的视频。

无内容不电商：电商内容运营指南

**微淘发布界面**

## 5.3.2 发微淘的 3 大技巧

发布内容也是有技巧的。通过这些技巧，可以更好地展示我们的内容，让我们的内容获得更多的流量。

### 1. 发图片的技巧

微淘内容可以选择直接发布纯图片。官方规定图片数至少是 4 张，最多 9 张。但我们一般都会发 9 张，因为"九宫格"内容的权重更高、更吸引人，排版出来也更好看。更重要的是，因为我们每天只能发 1~4 条内容，所以一定不能浪费资源。

好的微淘内容非常讲究九宫格的运用。比如在排版时，把重要信息放在微淘九宫格的中间，能够引起用户的注意，同时还可以增加内容趣味性。你也可以直接采取把图片组合成一句话的形式来发九宫格，更加显眼，所传达的信息更加精确直接。

九宫格的主题一定要鲜明，9张图最好属于同一个类型，或者表达同样的意思，不能太乱。同时图片一定要清晰，并且没有"牛皮癣"，整体要简约。你甚至可以发一个故事，或发一些有趣的表情包，以拉近与用户的距离。

微淘九宫格图片发布示例

## 2. 发图文的技巧

如果你选择发送图文内容，那么图文内容的主题必须要和你销售的产品吻合，这样才会显得更加自然，让读者放下戒心，完全被你的内容吸引，从而大大增加图文推送的转化率。

发布图文之前你首先要明确这条图文的目标群体是谁，是面向老用户还是面向新用户？是为了维护好老用户，还是为了吸引更多新用户，或者是两者兼顾，让老用户带动新用户？在解决了这些问题之后，你才能够知道自己需要发布什么样的内容。

接下来，你还需要了解你的用户群体，根据他们的心理撰写他们想看的内容，从而确定好主题。主题确定好之后，你需要起一个有吸引力的标题，能够吸引读者点开。标题能够被点开，那整篇文章就已经成功了一半。很多人不注意标题的撰写，其实标题是非常重要的。那么怎样才能写好一个微淘图文内容的标题呢？

① 利用人们的好奇心，在标题上写一些比较能够引人注意的词语，比如限量、免费、注意、宣布、秘密、揭露等。在标题中加上一些数字也是很好的方法，比如"优雅女人必知的十大香水品牌"等。

② 人们都更愿意相信专业人士或名人、明星说的话。所以如果你在标题上面冠以"知名专家""权威机构""某名人"等字眼，相比之下，它们更能够吸引读者来看你的内容，比如"被范冰冰穿火了的8条印花裙"等。

③ 你还可以在标题上蹭热点，比如在标题中带上当时最火的电视剧剧名以及里面的主角名字等。

在内容方面，最好不要全是广告，可以通过内容搭载广告的方式来进行搭建。同时你的内容还需要注入情感，没有情感的内容就好像是无源之水，打动不了用户。要知道，消费者分两种，一种是理性消费者，一种是感性消费者。如果你是销售女性相关用品的商家，你就更需要在内容中打好情感牌，吸引这些感性的消费者。偏理性的消费者相对来说较少关注内容，他们更加关注性价比。针对这类人群，我们可以有计划地推送一些关于促销的内容，刺激他们下单。

### 3. 发视频的技巧

首先你要订购无线视频功能。然后填写标题，选择封面，选择你要推送的视频上传。标题可以多写一些内容。视频封面图片的尺寸不得小于 $800 \times 450$ 像素，否则无法发布。

选好上传的视频后，你还可以给视频添加很多互动的内容，包括"边看边买""内容标签""优惠券""红包""拼图抽奖"等，这些小工具可以让你的视频更加具有营销力。

Chapter Five
**第 5 章**
微淘私域流量攻略，抢占无限免费流量

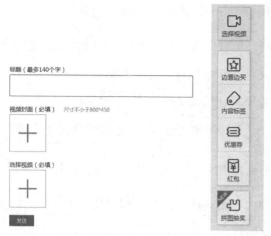

微淘视频发布界面

一般来说，选择"边看边买"工具插入视频的做法比较普遍。大家可以在看视频的同时点击视频推荐的产品链接，直接购买产品。

你可以点击视频时间轴上的某个时段，然后添加"边看边买"互动组件。拖动帧就可以更改"边看边买"互动组件的显示时长。为了保证用户视觉上的体验，我们一般根据视频的长短选择 3~8 秒的组件显示时间。

视频是即时发布的，因此不能定时。所以请选择合适的时间，即时发布。

在视屏中插入互动组件

## 5.4 进阶：如何持续产出优质的微淘内容

很多商家在刚开始做微淘的时候还能坚持发几篇，但很快就会发现：发布的内容没人看，或者不知道应该发什么样的内容才能吸引用户们点击或转发。看着这些自己辛苦撰写、编辑的内容却只有零星几个人看，很快就信心全无，无法坚持下去了。那么如何才能持续产出优质的微淘内容呢？

### 5.4.1 了解不同的微淘内容，提升用户满意度

我们知道微淘内容兼具社会化属性和商品分销属性，内容的好坏不能一概而论。我们可以把内容大致分为4类：商品类、资讯类、互动类和导购类。

**1. 商品类内容**

微淘可以直接发布商品，直接把商品链接粘贴上去就可以了。重点在于组合。你需要组合出一个系列的商品，也可以组合出一组互补的商品，比如"某某套装""某某组合包""杨幂最爱娃娃组合"等。一定不能随便组合一些没有共同属性的商品在一起，这样很容易让阅读者无所适从。

**2. 导购类内容**

导购类内容和纯商品类的内容的区别在于，导购类的内容一般都含有一个主题，要围绕着这个主题来设计内容和商品。通过"图片+文字"的形式，让用户产生兴趣，从而购买商品。

这个主题主要是通过解决痛点、营造场景式的情感带入等方式，帮助用户在消费的过程中做决定。在整个内容中，商品的推荐理由是非常重要的。

还有一些商品的导购类内容适合做成测评和使用教程的形式，通过实际测试的方式让用户更直观地体会商品的性能和效果。适合做测评的商品包括美妆、美食、小家电、育儿、运动、3C潮玩类商品等。

**3. 互动类内容**

互动类内容的重点在活动部分。"抢楼"是最常见的活动，还有抽奖、买家秀评选、分享亲友团等。只要给用户优惠，他们就会活跃起来，这是放之四

海而皆准的商业原则。

当然店铺的活动也可以直接发布在微淘上。店铺有活动的时候一定要及时更新微淘。

在与老用户或潜在用户互动的过程中不要公式化地答复用户，一定要像朋友一样关怀他们，和他们交流，语言不要太官方，要亲切一点。语言尽量简练，不要滥用专业化术语，要善于称赞用户。

**4. 资讯类内容**

资讯类内容包含但不限于八卦、搞笑、鸡汤、情感等内容。这些内容最好是和商品相关的，或者至少是你的目标人群喜欢看的内容。选择的标准就是有趣、好读。

资讯类内容的重点集中在娱乐性，这些内容能够让粉丝和你的距离更近，使你的内容黏性更强。例如卖宠物用品的店，每天可以发一些关于宠物的搞笑小视频。

## 5.4.2 把老用户转化为忠实粉丝，促成长期购买

微淘的运营和淘宝店铺的运营逻辑不太一样。淘宝店铺的运营是为了成交，而微淘运营在短期内更注重品牌宣传以及用户运营。通过持续不断地触达用户，提升用户的黏性和回访率，挖掘用户的终身价值，促成长期购买。

同时，店家需要对微淘内容进行人格化运营，不能漫无目的、毫无方向地搭建内容。下面我们从零开始，为大家讲解如何做好以下 8 点，成为一个合格的微淘运营者。

**1. 分析人群**

首先要对店铺进行用户分析。我们要知道自己的用户群体是谁，他们最关心什么内容，最喜欢什么内容，不然发布的内容多了只会让用户反感。

先掌握店铺目标人群的数据。这些数据可以通过淘宝自带的用户运营平台查询，然后对目标人群进行分析，做一个人群画像，例如：

（1）性别：女性。

（2）年龄阶段：中青年，25~35岁。

（3）社会属性：白领，中产阶层。

（4）收入估算：15万元/年以上。

（5）生活画像：热爱生活、积极进取，社会、家庭责任感强；关注个人及家人健康，自身或家人有亚健康状况，或受慢性病困扰；追求生活品质，容易接受新鲜事物，对喜欢的事物消费力较强；已有固定的社交、活动圈层；具有较强的经济实力，消费观念超前，有追求高档的服务与体验的意向。

#### 2. 做好定位

首先要明确我们运营微淘的目的，到底是为了吸引粉丝、维护用户，还是想要引导消费，或是多者兼具等。然后针对不同的目的，产出不同的内容。

对自身的定位，最基本的就是要做到唯一性。同时你还需要进行人性化、拟人化运营。

例如茵曼的定位是把自身看作一个棉麻的艺术家，坚持素雅简洁，个性而不张扬的设计；提倡自我随心，细品简单生活，畅享自由的慢生活。这样品牌的独特形象就定下来了。形象确定了，内容就好做了。

还比如阿芙精油的微淘定位是一个调皮、善良、卖萌、爱购物、爱八卦同时在精油方面也很专业的小女生，简单来说就是每个粉丝身边的小闺蜜。

接下来，我们就需要根据定位，设定好微淘名字和头像，让用户第一时间认识你并产生深刻的第一印象。

#### 3. 了解用户喜欢的内容

微淘是给我们的潜在用户和已成交用户看的，所以你还需要了解用户的心理，从而判断出：他们喜欢什么样的内容？什么样的产品比较适合做活动？选择什么赠品用户会买你的账？

所以，你需要去设想一下，如果你是一个粉丝，你希望从微淘得到什么，是优惠？是实用？还是交流？当然你也可以利用微淘去做一些调查，去测试一下用户们喜欢什么。

### 4. 策划活动并执行

我们日常发布的基础内容属于留住用户的手段。当你每天的内容已经吸引他们关注并让他们产生兴趣之后,你还需要有一个助推的力量,来促进用户成交,而各种促销活动就是很好的助推器。这个时候就需要策划一些微淘的促销活动,让每个月都有一个小小的爆发式增长。

### 5. 善于利用官方插件

做活动的时候,我们需要有效利用官方提供的那些插件工具,比如盖楼有礼、投票选款、买家秀征集、福利发送等。这些工具能够有效地提升用户的活跃度,并且为店铺创造额外的流量。

互动插件

### 6. 定时发布

你需要注意微淘的发布时间,最好是在粉丝访问你店铺的几个高峰时段来发布,尽量让更多的粉丝接收到你的内容。你可以通过每天的用户访问数据来判断访问高峰期。

注意:你也可以选择"定时发布"选项,不需要即时发布。我们需要在不同的时间点固定地发送固定的内容,比如每天晚上 9 点是上新的时间,早上 9 点是更新促销信息的时间。当粉丝对账号产生一定黏性并养成习惯之后,就会大大提高推送阅读量。

# 05 无内容不电商：电商内容运营指南

定时发布

### 7. 数据分析

你需要养成每天分析微淘数据的好习惯，从而逐步了解你的用户的喜好，了解他们对什么样的活动或奖品感兴趣，什么时间发布微淘效果会更好、成交率更高等。通过不断测试，来优化自己的微淘发布内容。

### 8. 站外推送

最后，你还可以为你的微淘做一些站外推广，毕竟淘宝的站内流量还是有限的。如果你有其他的"鱼塘"，且这些"鱼塘"有大量粉丝的话，那么你可以通过奖励的方式，把那些粉丝吸引到微淘这里来，统一进行管理与维护。

站外推广

## 5.5 微淘内容运营的高级实操攻略和技巧

当我们运营微淘一段时间，粉丝、浏览量、互动率都提高到 W4 层级后，就会发现遇到了瓶颈：不论怎么努力都没有办法让流量和曝光度再进一步。如何才能进一步增加优质内容的曝光和生命周期呢？这个时候你就可以开始考虑

# 第 5 章
## 微淘私域流量攻略，抢占无限免费流量

申请"优选好店"。

"优选好店"是淘宝对表现优秀的优质微淘商家的一个认证。一旦认证成功，你的微淘内容在微淘"动态频道"页面内以及关注列表内展现时，就会显示 优选好店 的认证标识。淘宝会对这些认证店铺的微淘进行流量导入，尤其在宝贝上新的时候，对店铺也会有一定程度的加权。

"优选好店"有哪些特殊权益呢？

（1）微淘动态向更多非粉丝用户推荐。

（2）W5 层级待遇，享受更多功能和权益。

（3）视频频道优先展现，微淘故事、"say hi"内容的优先发布权限。

（4）微淘热榜优先选择展现。

### 5.5.1 申请"优选好店"资格，超越 80% 竞争对手

看到"优选好店"有这么多优势，是不是迫不及待想要加入了呢？别急，你得先看看自己是否具有加入"优选好店"的资格。进入"微淘管理中心"页面，在左上角点击"点击报名：微淘【优选好店】认证报名入口"按钮，进入"账号申请入口"页面。

当然，你也可以进入淘宝店铺的"卖家中心—营销中心—活动报名"页面，搜索关键词"优选好店"找到申请入口，进入"优选好店"的申请页面。

"优选好店"报名

在这个页面中，你可以直接看到自己是不是符合要求。

"优选好店"申请入口

如果不符合要求，你可以点击"规则＆资质"按钮（如下图所示），看看你的资质同要求不符合的地方。如果符合要求，那么直接按照提示一步步申请就可以了。

"优选好店"规则＆资质页面

### 5.5.2 最大幅度提高"优选好店"申请成功概率

并不是你的店铺符合了要求、提交了申请就可以申请成功。那么应该如何提高申请优选好店的成功率呢？

（1）你的微淘内容不能太偏向纯粹的商品介绍，也不能太偏向纯内容。要把握好度。因为太偏向纯商品介绍的话，和宝贝详情就没有太多区别，内容的价值就不高；也不能太偏纯内容，偏导购性质的内容是比较合适的。

（2）微淘的内容一定要够丰富，不能全是买家秀。可以往长文章、视频、直播、九宫格的方向多栖发展。这样你的微淘账号的价值才够高。

（3）你的内容也不能完全脱离产品经营范围，比如你是卖照相机的商家，那么就不能天天发那些美容化妆的内容。很多商家为了省事，一看到好玩的内容就发布，一点也不考虑是否和自己的产品相关，导致目标人群的标签混乱。

（4）粉丝的 7 天回访率需要超过 50%。为了达到这个指标，除了日常内容外，你还需要做一些优惠活动，吸引老用户们不断地回来看你的内容。当然，内容有趣也是很重要的，要培养粉丝持续关注的动力，让他们产生欲罢不能的感觉。

（5）主图一定不要有"牛皮癣"。

### 5.5.3 长期维持"优选好店"并从中获益

当然，就算申请成功了你也不能掉以轻心。如果你的内容出现问题导致违规，那么店铺的"优选好店"资格是会被取消的。所以，要保住"优选好店"的资格，你需要注意避免发送如下形式的违规内容（以下内容选自淘宝官方论坛公布的标准）。

（1）图文：店铺或品牌发布未获授权的内容、社会新闻类内容、鬼怪灵异类内容、涉黄涉俗内容。

（2）视频：视频播放时两边留黑；视频带有其他平台的水印；视频是社会新闻、搞笑或其他与店铺无关的内容；视频未获得授权的。

（3）店铺直播：封面图带有"清仓"等促销信息的；直播封面图一直使用同一张图片的。

最后，申请"优选好店"还需要有真正的内容生产能力。成为平台的推荐账号必须承担更大的内容影响责任。这个时候你最好能够分出一个人专门负责内容生产。

# 第 6 章 Chapter Six
## 如何寻找能引爆销量的带货电商主播

自2016年上半年以来，几乎所有电商、社交、视频平台都开始做直播，"直播"成了创投圈的第一热门词汇。一时间各类直播风起云涌，而到了2017年大家发现，电商直播才是最赚钱、最长久的，因为它更易于变现。2017年9—12月，3个月内的内容生态大盘交易额暴涨，图文生态增长了8.4倍，而直播生态增长了22.7倍。

同时，直播的超高回报带来了个人主播数量的井喷，大量的秀场主播、游戏主播等纷纷加入电商直播的行列。2017年共有超过10000名主播入驻电商直播，120家签约机构、70余家PGC栏目完成了65万场直播，服务了80万商家，用户累计观看时长达1.4亿小时。

截至笔者成稿时，淘宝一共有3万名主播，这些主播又分为新晋主播、腰部主播和头部主播，三个部分的人数呈金字塔状。头部主播有首页推荐，有资源位，单场流量能达到几十万、上百万，这个数字相当于一个中等城市的人口规模。这么大的流量产生的销售额自然也是巨大的。

在目前搜索流量越来越少，竞争越来越激烈，流量越来越昂贵的情况下，如果不把握好优质的流量，就会在和同行的竞争中处于劣势地位。

寻找那些流量和销量双高的带货主播，让他们创造超高回报率是所有商家都必须掌握的技术。

# 第 6 章
## 如何寻找能引爆销量的带货电商主播

## 6.1 好主播的带货能力胜过明星

我们首先谈对主播的定义。主播必须至少具备以下两个条件：第一，能基于互联网（主动或者被动地）生产内容；第二，在互联网上拥有属于自己的粉丝群体并能够带来播放量。

主播更像是销售，他们主要靠"服务费＋提成"来获得收益，粉丝就是他们的生命线。衡量主播水平的核心指标就是他们是否能为商家创造更多的效益。他们的带货能力越强，那么找他们做直播的商家就越多。2017 年淘宝主播收入榜单显示，薇娅 viya、Heika－Z 等几位直播达人的年收入超过 1000 万元人民币。

商家和主播可以说是天作之合，相辅相成。没有主播，商家很难创造出那么多吸引人的内容供人们观看；而主播离开商家也就失去了展示自我和流量变现的机会。早在 2017 年，淘宝产品和消费者平台总监闻仲就表示，每周大约有 2000 个天猫品牌使用直播作为日常的营销方式，直播业务在淘宝端也已覆盖 14 个集市行业，超过 87% 的集市商家尝试过做直播。

具体来说，主播能够给电商带来以下 3 种实实在在的好处。

**1. 精准流量**

首先，主播具有"吸睛"能力。在眼球经济时代，注意力就代表着收益。对于普通网民来说，他们对于信息的选择相对盲目，因此哪里有流量，他们就在哪里扎堆，哪里就有营销价值。

其次，主播会得到淘宝的流量扶持。比如 5.17"饿货节"，淘宝找来 100 位"吃货"主播，让他们直播自己吃外卖的场景。在很短的时间内主播们吸引到了将近 700 万人围观，并且让淘宝外卖的流量产生了爆发性的增长，立即增加了无数订单，效果非常显著。

**2. 提高销量**

淘宝的消费者往往要考虑很多问题，比如这个产品是否适合我，质量怎么样，效果好不好等，在重重疑虑之下，购买迟迟不能完成。

"饿货节"直播

主播在直播的过程中，提供全方位、立体式的产品展示，专业的介绍，并且能够代替用户试穿试用，弥补了用户网购时体验感的缺失。

能成为头部主播的人很善于学习，他们的直播也更专业、更令人信服。他们能起到意见领袖的作用，能够得到粉丝的充分信任，而这份信任会转化到产品中去。因此现在具有专业技能的主播越来越受欢迎，比如服装搭配师、美妆师、专家型"吃货"、神级宝妈等。

主播是出色的演说家和段子手，具有很强的鼓动力，能够很自然地说服粉丝们去完成某个行动。粉丝们甚至会在主播的号召之下去购买他们本不需要的产品。不仅如此，一些秒杀活动的刺激配合直播的现场感，会极大地提升粉丝的购买欲，很容易产生冲动消费。

这就是主播的强大带货能力。2017年"双11"前夕，淘宝红人主播薇娅在一次5小时的直播中，帮助一个零粉丝的店铺创下了7000万元的成交额，刷新了直播卖货的纪录，这样强大的带货能力堪比明星！

在一次直播活动中，知名头部主播蜗牛Adie的合作搭档是台湾综艺界的"大佬"吴宗宪，结果这位从业30多年的娱乐圈"老司机"的卖货量竟然没有超过她。最后这位台湾名嘴很不甘心地说道"现在真的是红人的时代！"

### 3. 人格化品牌

高级的主播其实是在"卖人",先"卖人",再卖货。主播与粉丝之间的相互信任关系能够通过主播的背书,传递到品牌上,可有效降低粉丝对品牌和产品的信任成本,提升产品信誉度。

虽然主播的收入高,但是淘汰率也非常高,一般人很难坚持。所以,能够留下来的主播素质一般都比较高,而且都会有一批很忠实的粉丝。

如今,主播的颜值已经不是唯一的竞争力了。他们需要熟练地掌握产品的专业知识、直播技巧、销售技巧,甚至还需要有表演脱口秀的能力。能够连续几个小时不断的、高水准的语言能力已经属于标配。经过这两年的行业发展,主播的综合素质不断提升,让这个行业的门槛变得越来越高。

由于头部网红的高收入,淘宝主播已经成为很多人向往的职业。很多机构都开始做淘宝主播的培训工作,开始批量化、专业化地培养越来越多的淘宝主播。

淘宝直播官方合作机构发布的淘宝主播招募要求如下所示。

| | |
|---|---|
| 1 | 熟悉网络聊天,性格开朗,普通话标准,反应机敏,善于表达,自我调节能力佳 |
| 2 | 拥有其他站主播经验者优先录取;影视表演专业、模特、各领域KOL、电视购物主持人、美妆师、服装搭配师、海外代购、导游等从业人员优先录取 |
| 3 | 热情活泼,镜头感强,喜欢与人沟通交流,善于调动气氛 |
| 4 | 具有良好的执行力,热爱生活 |
| 5 | 有才艺,能与粉丝互动,互动内容积极健康 |
| 6 | 互动能力强,表现欲强,在镜头面前能流利口播 |
| 7 | 外站活跃粉丝基数大的优先录取(微博、美拍、映客等直播平台) |
| 8 | 外形条件较好,双胞胎、混血儿、男模特等优先录取 |
| 9 | 能够积极配合公司安排的培训、活动 |
| 10 | 优先录取全职主播(6小时以上每天),兼职看个人条件(月直播不低于60小时) |

2017年,江苏师范大学与淘宝大学合作,聘请8位淘宝达人授课,第一课由年入千万元的美妆主播李佳琦讲授。这标志着主播作为一个专业学科正式进入大学校园。

从现在开始,要正视主播的能力,主动同他们交往,维护好关系,让他们为你打工，为你的店铺持续创造高额利润。

## 6.2 两种方式快速找到合适的主播

目前在淘宝主要有两种方式寻找主播，第一种是用官方的 V 任务平台，这种方式最常见。第二种是直接在手淘直播频道联系主播。下面将分别进行介绍。

### 1. 阿里 V 任务

首先，官方提供了内容服务平台，你可以进入"阿里 V 任务"（https://v.taobao.com）页面寻找并下单。淘宝所有主播都在里面了。单击"找创作者"按钮、选择"淘宝直播"一栏即可筛选出淘宝上所有通过认证的达人主播。

"阿里 V 任务"平台

标签是主播的身份，商家可以根据产品需要选择适合的主播标签，也可以通过领域进行选择，比如时尚车主、居家巧匠、户外行者、数码极客、文娱先锋等，页面右侧有官方推荐的达人。

也可以按照综合能力在主播搜索排名中进行选择。淘宝官方公布的综合能力指标标准如下所示。

（1）粉丝规模指数，即衡量达人的粉丝数量与增长状况的数据，由统计周期内粉丝总量和新增粉丝率两项指标影响。

（2）粉丝活跃指数，即衡量主播粉丝运营能力的数据，由统计周期内粉丝观看人数占总观看人数的比例决定。

（3）观看指数，即衡量主播内容传播能力的数据，由统计周期内直播页面观看人数决定。

（4）直播吸粉指数，即衡量主播成长能力的数据，主要取决于统计周期内在直播场景内的新增粉丝数。

（5）内容质量指数，即衡量主播内容质量的数据，主要取决于统计周期内人均观看时长。

（6）商品引流指数，即衡量主播商业导流能力的数据，由统计周期内通过直播内容点击商品详情页的浏览人数与直播观看人数的比值决定。

排名越靠前表明综合素质越高。商家可以从中找到最适合的大咖主播。

**2. 通过手淘直播频道联系合作**

商家也可以在手淘直播频道中根据分类和标签来选择主播。

在主播直播时，商家可以在主播的"粉丝群"里留言，当主播结束直播后就会主动联系你了。

## 6.3 5个技巧筛选出能带货的主播

寻找主播的渠道有很多，淘宝目前有上万名的主播，但真正好的主播却并没有那么多，怎样找到最合适的淘宝主播呢？商家一定要抱着一种宁缺毋滥的态度去找主播。能带货的主播，一个就够了。不然会平白浪费很多人力物力，难以取得理想的效果。只要注意以下几点，你就能筛选出带货主播，投入的钱都能够轻松赚回来。

**1. 粉丝重合度**

首先对产品进行定位，根据产品特性来寻找合适的主播。比如某个主播一直推荐服装类的产品,那么他的粉丝就是对服装类产品更感兴趣的人。

每个直播达人都有与之对应的标签,比如"海淘达人""网红宝宝""全球购买手""时尚博主""科技生活新媒体""化妆师""美妆达人"等。如果店铺卖的是进口产品,那么就找标签为"全球买手"的达人。

很多商家都想同那些粉丝量庞大的主播或明星合作,让他们推荐自己的产品。因为这些商家认为粉丝数量就是王道。比如2016年"双11",林氏木业请来了明星李易峰进行直播。虽然当红男明星的粉丝量庞大,但笔者认为这并不是一个好的选择。因为男明星的粉丝大都是年龄较小的少女,而林氏木业是一家经营家具的店铺,购买家具的主力人群并不是少女。从销售上来讲,如果粉丝不能转化成用户,或主播的粉丝和店铺的目标用户重合度不高,即使再大的粉丝量也没用。显而易见,林氏木业的这场直播并没有产生很好的效果。

在选择主播的时候,还是要更多地考虑这个主播的粉丝和产品目标用户是否一致。如果不一致的话,主播的粉丝再多也不能促成成交。

能够带货的淘宝主播,大都是那种性格比较好、能够开得起玩笑的"傻大姐"式的形象,很少有那种纯靠颜值和身材的主播。颜值主播的粉丝可能会很多,但可能粉丝是"宅男",如果该主播推荐的是女装类产品,粉丝就不重合;而"傻大姐"式敢于自黑的主播,可能会更容易吸引同性粉丝,自然也能够提升女装产品的销量。

### 2. 直播专业度

带货主播必须是专于某类产品的主播,不会什么品类都卖。若一个卖零食的主播同时也卖美妆或卖衣服,那么就不要和他合作了,因为他不专业的可能性很大。好的主播都是挑产品的,对店铺信誉和产品销量都有要求。同理,对店铺信誉和产品销量都没有要求的主播大概率不是好主播。

其次,需要注意这个主播是否具有专业技能。第一是看介绍,第二是看主播的标签,比如"服装搭配师""美妆师""专家型吃货""神级宝妈"等。注意主播在直播中对产品的讲解是否专业,是否有吸引力,是否能够让用户产生购买欲望。

### 3. 直播数据

商家可以进入"阿里V达人"页面,搜索主播的名字,找到主播的阿里V达人的信息,查看主播此前直播的各项数据,比如粉丝人群、粉丝量/观看人数等。

商家须在"V任务"平台(https://v.taobao.com)用自己的店铺主账号进行商家身份开通。三钻及以上、没有违规记录的商家可立即成功开通,未满三钻的商家须报名审批。

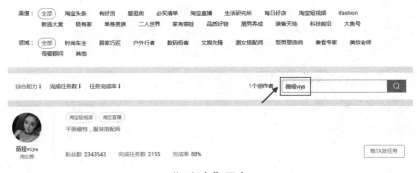

"V任务"平台

单击主播的头像就可以进入主播的"阿里V达人"主页。

"阿里V达人"主页

你可以在主页看到主播的各项数据,包括综合能力指数、接单效果数据、服务效果数据、粉丝数量、自我介绍、服务领域、评价等。从这些数据中,你可以看出这个主播是不是能够带货、服务好不好。

# 06

无内容不电商：电商内容运营指南

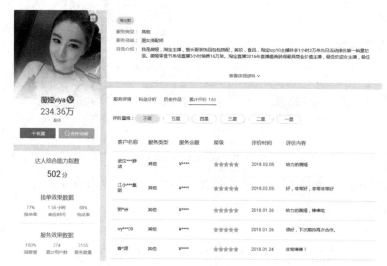

主播主页

其次要分析粉丝数据。如果未知粉丝的量太多，说明主播极有可能存在花钱买粉丝的行为。粉丝数据有水分，去掉这些水分才是真实的粉丝数。同时你也要关注主播的粉丝性别分布，如果产品适合女性，那就最好寻找女性粉丝多的主播。

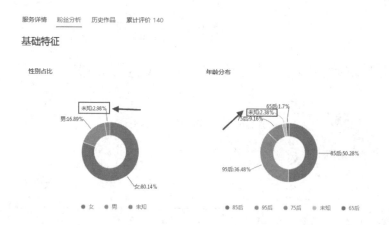

粉丝特征分析

当然你也可以参考主播的历史作品，通过以前的直播数据和效果来判断合作后主播是否能够达到预期的效果，还可以通过对比主播直播前后两天的产品销量来判断主播的带货能力。

Chapter Six
# 第 6 章
## 如何寻找能引爆销量的带货电商主播

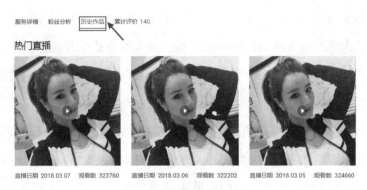

主播历史作品

### 4. 看榜单

现在是大数据时代，站内和站外都有各种各样的榜单，商家可以利用榜单去筛选优秀的主播。所以，只要每天关注这些榜单，然后找这些榜单中推荐的相关类目的带货主播合作，几乎都能实现很高的成交转化率。

（1）站内

微淘分为淘宝官方微淘和店铺微淘，商家可以关注淘宝官方的"淘榜单taotop"微淘账号，会定期推送包括直播类榜单在内的各类榜单。

淘榜单

榜单分人气主播榜、潜力主播榜以及新晋主播榜。不同榜单的主播能满足不同类型的需求。如下所示的榜单分类选自淘宝官方论坛公布的标准。

① 人气主播榜：参与评选的主播粉丝总数在30万以上；评选主播的直播内容平均每小时观看人数在7000以上；侧重粉丝活跃指数。

② 潜力主播榜：参与评选的主播粉丝总数在5~30万；评选主播的直播内容平均每小时观看人数在5000以上；侧重直播吸粉指数和商品引流指数。

③ 新晋主播榜：参与评选的主播粉丝总数在5万以下；评选主播的直播内容平均每小时观看人数在1000以上；侧重直播吸粉指数。

商家可以根据自己的需求选择主播。如果是个人商家，想要单纯靠性价比胜出，那可以选择新晋主播榜里的主播；如果是普通商家，想要流量也想要成交量，那么可以选择潜力主播榜里的主播。如果是大品牌商家，想要引入大流量，宣传打造品牌，那么可以选择人气主播榜里的主播。

（2）站外

如果不方便站内关注的话，也可以关注站外淘榜单的微信公众号。

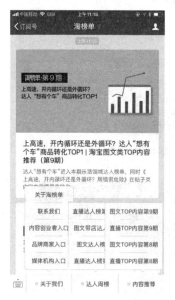

淘榜单微信公众号

主播榜单中的"主播介绍"里面有各项指数，商家只需要看商品引流指数就可以了。虽然高内容质量指数和高粉丝活跃指数对销售也有益，但是获益更多的是主播本人。如果这个主播偏向和粉丝互动，那么可能就会疏于对产品的解说，而商品引流指数对于商家来说更重要，因为引到店铺的流量才是商家自己的。

| | 达人名称 | 内容质量指数 | 粉丝活跃指数 | 商品引流指数 | 淘榜单指数 |
|---|---|---|---|---|---|
| 1 | 陈洁kiki | 82 | 174 | 121 | 283.1 |
| 2 | fashion美美搭 | 102 | 154 | 137 | 281.1 |
| 3 | 慧喵大大 | 62 | 173 | 116 | 272.7 |
| 4 | 薇娅viya | 77 | 165 | 116 | 269.3 |
| 5 | 烈儿宝贝 | 92 | 166 | 91 | 257.2 |
| 6 | 老樱shop | 62 | 97 | 193 | 251.4 |
| 7 | 小侨Jofay | 78 | 157 | 83 | 238.7 |
| 8 | 雪欧尼Tiffany | 77 | 149 | 88 | 234.3 |
| 9 | 祖艾妈 | 65 | 158 | 75 | 230.8 |
| 10 | 大潘kate | 69 | 133 | 105 | 226.5 |

淘榜单指数榜

**5. 淘宝官方活动主播**

淘宝也经常会在活动中邀请一些主播来主持。这些主播都是经过淘宝筛选的、比较有实力的主播，通常都会产生很好的效果。

通过以上几个方法就能筛选出最适合自己的主播了。接下来要做的就是联系他们，尝试与他们合作。

## 6.4 资源在手，流量我有

当我们找到了这些带货主播后，也要掌握沟通技巧，因为好的主播是稀缺资源、业务繁忙，想要与之合作的商家很多，所以你需要提前了解基本的合作模式，与主播进行良好的沟通并保持良好的合作关系。有了这些带货主播，商家就不需要再发愁产品没流量。

### 6.4.1 主播不回应，如何快速达成合作

很多人会说私信主播根本不会得到回复。其实这也确实是很多刚做直播营销的商家比较头疼的问题。笔者刚开始找主播的时候也遇到过这样的情况，总共询问了将近100个达人，几乎没有人回复。换个角度想想，好的主播是不会缺商家合作的。直播有上万人收看，肯定收到私信无数，一般的问法肯定不会吸引主播的眼球。

因此，笔者总结了一套方法，掌握以下3点回复率就超高。

① 直播结束后的半小时左右咨询，这个时候对方的运营人员肯定在线；

② 以商家号咨询，这样对方的运营人员就知道你是商家，而不是来骚扰的粉丝；

③ 开场白一定要直观明确，别浪费时间问对方在不在。例如，你可以这么说："亲，您好！我是某某天猫（皇冠）店铺的运营人员，现有某某爆款宝贝需要推广（链接+图片），20%佣金（佣金链接），可为粉丝提供20元优惠券，希望能帮忙推广，另外可以寄送样品。"

商家也可以直接在"V任务"平台(https://v.taobao.com)下单，选择直播一栏，然后在平台上挑选主播。下单后，主播会主动联系你。

### 6.4.2 与主播对接，提升卖货效果

商家选好主播后，双方的对接流程分为三个部分：直播前、直播中和直播后。

**1. 直播前**

首先跟主播谈好服务费、佣金和其他直播费用。

目前主流的商家以"佣金+提成"的形式与主播合作。和主播谈直播时

间、直播时长、佣金等问题。佣金通过淘宝客扣费，可以自行约定，平台不参与佣金支付。

付款后，主播会把商家对接表发送给你，按照要求填写好产品链接、产品名称、产品卖点、粉丝优惠价格等内容即可。

之后，主播会和你确认直播的时间和其他相关信息，并且把联系地址发送给你，让你寄送样品。

商家需要确保主播能在直播前收到样品并熟悉 1~2 天。主播收到样品后会向商家申请定向计划并开始排期。

主播会提前告知商家直播的时间，商家可以提醒主播发布预告（包括预告视频和封面图等）。直播预告在前一天下午 3 点前发出审核请求，审核通过后才会在淘宝直播的内容流中出现。

### 2. 直播中

根据品牌特点和商家需求和主播一起策划直播脚本（直播内容和营销手段）。

直播时，主播的助理会与主播在直播间互动以提升热度并引入话题，助理也会实时提醒主播注意各类问题（比如发现主播有口误或者不恰当的言辞），然后把直播截图反馈给商家。

### 3. 直播后

直播结束后，主播应写好直播日报，并和商家一起总结这场直播的情况，做得好的地方继续保持，做得不好的地方积极改正。

## 6.4.3 让主播成为商家的用户流量池

能带货又适合你的主播是比较稀缺的，但找一条鲨鱼比找一条小鱼要好得多，所以一定要学会饲养鲨鱼。

### 1. 取得主播的信任

保持舒服的合作关系是很重要的，而合作最重要的地方就是取得对方的信任，否则你和主播之间的关系就很脆弱，而脆弱的合作带来的利益只是短期的，在一些情况下甚至还会带来损失。比如主播不认真讲解卖点、不全面展示产品等都会影响到产品的成交率。而如果你们的关系很好，那么主播甚至会加时讲解你的产品，增加推送次数等。

怎么得到优秀主播的信任呢？永远让对方赢，即主动示弱，不要让人觉得商家太精明。如果双方计算的佣金出现偏差，在差距金额不大的情况下，可以就根据对方计算的佣金来付款。这样，当主播帮你做推送的时候就会很放心，因为他们知道，帮你做事不会吃亏。

一定要做到让对方感到"永远欠我们的"。我们给得越多，得到的也会越多。最厉害的合作就是把钱藏在对方的口袋里的合作。

### 2. 处处为对方着想

为主播规划产品线也是必要的。商家可以根据主播的带货能力和特性，为他们规划合适的产品。这样做既能节约成本，也能提高成交额，同时会给自己减少很多麻烦。建议让主播等到活动开始后再直播，这样效果会更好。

### 3. 了解主播的需求

有的主播会提出一部分佣金转账支付。因为很多时候，平台会赚一部分的佣金提成。这个时候，商家就需要了解对方提出这个要求背后的原因，适时做出调整，能给双方带来好处的事情，何乐而不为呢？商家甚至可以对那些谈不下来的主播主动提出这样的方案。一定要站在对方的角度考虑问题。通过了解对方的需求，切中对方的痛点，让对方急迫地想要和我们合作。

### 4. 不要承诺任何事情

笔者认为这条是必须记住的：在任何时候，做任何事情都不能轻易地做承诺。即使商家有把握做到，也应该回答"我会尽我最大的努力去争取"。因为如果商家一口答应了主播的要求，一旦不能实现，那么就会失信于对方，从而给对方留下不好的印象；其次，商家的回答还要给合作的主播们一种感觉，那就是这一切的优惠利益都是你为他们争取来的，久而久之主播就会在心里不自觉地感激你，认可你。

**5. 用金钱绑定最好的合作关系**

商家可以设置不同的佣金梯度和定向佣金计划，以销售额来决定奖励数额，以较小的代价让主播更积极地推广产品。他们推广得越卖力，赚得越多，就越会积极地与你合作。

合作不会让我们损失什么，只会让我们得到更多。绑定了几个核心的主播之后，产品的销量将不再是问题。

# 第 7 章 Chapter Seven
# 利用达人日引"1000+"流量

你是否感觉产品销量已经无法再提高了？是否觉得自然搜索流量越来越少了？是否感觉直通车的价格越来越贵了？

一个很重要的原因就是你没有做达人流量。

所谓达人流量就是淘宝首页上的内容带来的流量。自从手淘兴起后，淘宝对内容流量的投入越来越大。不仅在手淘首页，甚至搜索结果页面都布置了大量的内容。

如今，刷单风险和成本提高，直通车竞争越来越激烈，钻石展位投入产出比降低，做好内容流量成为破局的重要手段。

现在的淘宝，一个月一小变，三个月一大变。商家必须善于观察总结，并根据情况的变化做出相应调整，以适应新的发展需求。

如今内容达人崛起了，商家是否也需要根据实际情况进行改变呢？

答案是肯定的。

## 7.1 让内容达人喜欢你的产品

淘宝有 50% 的流量属于非搜索流量，即内容产生的流量，这是一个大变革。所以商家必须了解这些内容背后的道理和其中蕴含的规律，才能有效地使之为我们所用。

首先，我们来看看达人内容的特点。

下面是"有好货"栏目的一篇内容，其中有对产品的总结、对店铺品牌的介绍以及精修场景图。看到这些，你会想到什么？

"有好货"栏目内容示例

淘宝规定达人必须完成写文章的任务，不然渠道资格很快就会被取消。所以，达人平常不收费也会写内容推荐产品。即便达人收费推荐了产品，他们也会因为内容需要达到"4品3店"（一篇文章里推荐的产品要4个以上，并且来自3个以上的店铺）要求，而必须推荐其他店铺的产品，所以他们会免费帮很多产品写内容。

达人在选择产品时会首先看这个产品是否符合类目需求，其次看产品适不适合写内容，最后会看销量。当他们浏览过宝贝详情后，发现没有可写的内容或者素材不符合渠道要求,就会快速放弃,寻找下一个产品。所以,为了迎合达人,商家应该对宝贝详情进行优化。

那么如何对宝贝详情进行优化呢?

(1)页面底部插入一段文字,字数在100~140字,文字可以是对品牌的介绍,也可以是购买理由,最好两者都有。这样的话达人可以直接复制内容,不需要进行二次创作。

(2)详情页里最好插入2~3张图片。如果详情页面已经有渠道所要求的图片了,那么达人就可以直接利用已有的图片,不需要再自行制作了。

做好这两点,达人们完全不会拒绝帮你推广。省时省力,还能赚佣金,何乐而不为呢?

当然,你做了这些但没有让达人看到,那也没任何意义。所以接下来笔者会教你如何提高产品在淘宝达人那里的曝光率。

## 7.2 推广费水涨船高?一招让流量达人免费帮你推广

我们已经知道了通过优化产品详情,让达人青睐你的产品。接下来笔者将教你如何让更多的达人主动找到你,并且推广你的产品。

达人会选择好的产品去推广,这样才能够让内容的通过率更高,产品的成交率更高,使效益最大化。而淘宝约有20亿件产品,他们如何在海量的产品中,找到符合自己需求的呢?

淘宝为了让达人们快速找到符合要求的好产品,专门建立了一个选品池,"快选",其中几乎包含了淘宝所有的优质产品。达人们一般会访问这个网站(https://kxuan.taobao.com/index.htm)查看并进行选品。

那么,如何才能让产品进入达人选品池,让达人们快速找到你呢?

首先,产品需要满足营销活动"新7条"的要求。

Chapter Seven
**第 7 章**
利用达人日引"1000+"流量

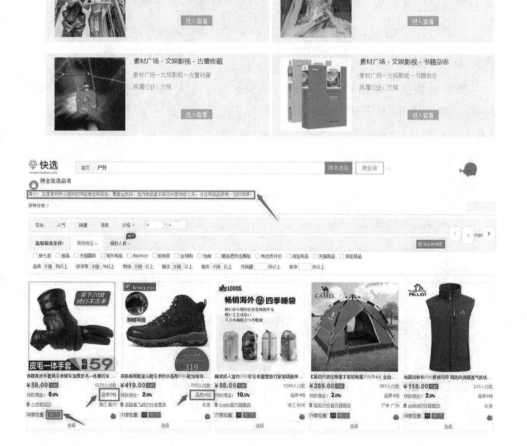

"快选"平台

如果达不到上面的要求，达人内容推广的效果可能会大打折扣。即便商家付费，很多达人也不愿意推荐；就算推荐了，也不会进入最终选品池。

天猫产品被抓取进入优质选品池的概率比淘宝产品大很多。淘宝和天猫的差距同样体现在"达人推荐率"上。很多达人对店铺信誉有要求，会优先选择皇冠店或天猫店等。

营销活动"新7条"标准全文如下：

即日起，集市所有发布的营销活动（包括聚划算）招商要求，必须符合或者高于以下标准，低于以下标准的卖家将不得参加任何营销活动。

1、店铺非虚拟交易近半年的DSR评分三项指标不得低于4.6（开店不足半年的从开店之日起算）
2、全店B类侵权扣分为0（"不当使用他人权利"商标权、专利权、著作权等不包含在内）
3、店铺好评率不得低于98%
4、近一个月人工介入退款成功笔数占店铺交易笔数不得超过0.1%，或笔数不得超过6笔（数码类卖家不得超过4笔）
5、A类扣分满12分或12的倍数之日起三个月内禁止参与活动
6、因为各种违规而被搜索全店屏蔽的卖家，处罚期内禁止参与活动
7、因炒信被处罚的卖家永久禁止参与活动

营销活动"新7条"

如果你要上"品质好物"渠道，那么你可以进入"品质好物"的选品池进行研究。

"品质好物"选品池

# 第 7 章
## 利用达人日引"1000+"流量

你可以点击进入主题栏的"相关分类"。如果产品的分类不在这个选品池里(如下图所示),那么就没必要做了,因为该渠道并不需要这类产品。

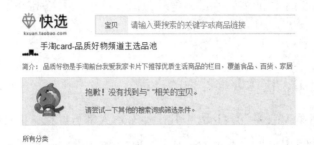

**品类不在"品质好物"选品池**

专门的选品池内容渠道如下所示。

(1)极有家

选品池地址:

https://kxuan.taobao.com/search.htm?uniq=pid&navigator=all&id=205&kxuan_uplus_c2c=159046&kxuan_swyt_c2c=264

(2)品质好物

选品池地址:

https://kxuan.taobao.com/search.htm?uniq=pid&navigator=all&id=202&kxuan_uplus_c2c=159046&kxuan_swyt_c2c=268

(3)生活家图文

选品池地址:

https://kxuan.taobao.com/search.htm?uniq=pid&navigator=all&id=201&kxuan_uplus_c2c=159046&kxuan_swyt_c2c=265

(4)生活家单品

选品池地址:

https://kxuan.taobao.com/search.htm?uniq=pid&navigator=all&id=201&kxuan_uplus_c2c=159046&kxuan_swyt_c2c=265

其他的内容渠道是没有专门的选品池的，所以只要你的产品出现在主搜索中，就可以获得更多的展现，也更容易被渠道吸收入库。

如果得不到主动的推广流量，你就只能去追求达人流量了，接下来谈谈这个问题。

## 7.3 主动出击，让达人推荐你的产品

通过"阿里V任务"找达人，几乎所有达人都可以在这里被找到。

商家也可以通过发任务来召集达人。任务发布后，会有很多达人来主动联系，商家可以根据自身需求对其进行筛选。

发布任务

也可以直接搜索达人，根据其渠道和所在领域进行筛选。

如果商家的要求比较高，那么也可以进入"阿里V任务"的榜单（https://v.taobao.com/v/task/rank），进行优质达人的筛选。

首先商家可以通过发任务的形式，召集达人，让达人主动上门。发布任务后，会有很多达人留下联系方式，商家可以和他们联系。在联系沟通的时候，告诉对方你的产品在某个选品池内，并把产品优势列举出来。同时告诉对方，你可以提供的文章内容和图片。如果实在不能达成合作，就只能进行付费合作了。

Chapter Seven
## 第7章
利用达人日引"1000+"流量

筛选达人

"阿里V任务"榜单

需要记住一点，如果不是已经合作过的达人，不要通过 V 任务外的渠道付款，因为 V 任务由淘宝担保，有纠纷可以投诉，但是 V 任务以外的渠道就无法保证了。

## 7.4 商家一定要做"有好货"

达人有很多发布内容的渠道，笔者就不一一说明了。在这里要介绍一个非常具有代表性且效果特别好的渠道——"有好货"。做淘宝达人，首先要做"有好货"。

对商家来说，流量最大的地方就是最需要去挖掘的地方。"有好货"处于手淘首页的黄金位置并需要付费才能进入。和"淘抢购"一样，"有好货"的价值非常高，是每个商家打造超级流量的必经渠道。

"淘抢购"是一场接一场，而"有好货"的流量会持续好几个月并不断提供价值。

通常，每条"有好货"的浮现时间是根据其曝光量、点击率、高消费力用户点击占比、阅读效率、成交转化等多项数据评估的，数据表现较好的内容将持续浮现。一般来说，好的内容可以每天带来 2000 人次左右的进店流量。

另外，"有好货"不需要商家多次投入，只要有一个产品进入选品池即可。"有好货"中的产品价格一般在 300~600 元。在"有好货"中投入的成本远远低于"直通车""钻展"等渠道。

虽然"有好货"中的产品应用了"千人千面"的算法，但是总选品池里的产品最终是由千千万万的达人们筛选出来的。达人们的筛选决定了这个渠道的调性，这个是机器算法无法办到的。

只要产品上架了，用户就有机会通过产品关键词搜索到，从而使产品获得展现，而"有好货"的产品必须经由达人发布后才有机会在这个渠道被展现出来。

笔者家里的家具都是在"有好货"中购买的。因为在淘宝首页中搜索出来的产品都是爆款，而笔者更想要个性化的家具。"有好货"给笔者推荐了更有品质的家具，和淘宝首页搜索出的产品有明显不同。

"有好货"顺应了中国消费升级的社会状况。人们越来越注重产品质量，不再一味地追求爆款。图便宜的用户转移到了另外一个平台——拼多多。严格来说，"有好货"里的产品都是达人们精心挑选的高质量的产品，用户可以更放心，因此越来越多的用户抛弃了"淘抢购"而选择了"有好货"。

## 7.5 四个步骤教你做好"有好货"

要想通过"有好货"这个渠道暴涨流量，商家需要做好以下几个步骤。

**1. 选择店里单价相对高、有个性的产品**

"有好货"的产品筛选规则和一般的渠道不同，这里的入选条件和销量并没有太大的关系，正好相反，销量太多反而是一件坏事。因为"有好货"规定，入选渠道的产品月销量不能超过2000件。除此之外，产品最好是上市在3个月以内的新品。产品不仅要有成为小爆款的潜力，而且要有创意。就品牌而言，不宜发布线下卖场常见的品牌。总的来说，"有好货"更适合新品、有格调的产品和高单价产品。

为什么需要这样做呢？

基于"有好货"的筛选规则，我们可以认为低价产品做搜索，高价产品做"有好货"。所以，"有好货"是个偏重高单价、高品质产品的渠道，且不看重销量，更适合新品的销售。如果商家提供的都是"9块9包邮"这类产品，那就不适合在"有好货"进行销售。

那什么是有个性、有格调的产品呢？

经典款、轻奢品、特色品或网红品比较适合"有好货"这个渠道。笔者建议全球购的产品必须要上"有好货"，国内的小众原创品牌也可以上"有好货"。大家耳熟能详的品牌如韩都衣舍、天使之城、妖精的口袋等就没有太大必要性了。总之，上"有好货"的产品要在设计上有创新点，做工和材质有卖点，比较符合潮流趋势，这样才能取得较好的效果。

无内容不电商：电商内容运营指南

"有好货"商品示例

### 2. 产品图片应符合渠道要求

有些商家发现，自己的产品从来没有报名过"有好货"渠道，却能在"有好货"平台上展现，这很可能是有淘宝达人主动投放了你的产品。

这说明了你做到了以下两点。

（1）产品主图和描述符合渠道要求，达人不需要做太烦琐的修改就能把产品发布到渠道上。

（2）产品的调性非常适合"有好货"渠道，产品成功发布的概率很高，所以达人愿意主动提交该产品。

一般来说，"有好货"要求图片突出产品重点，清晰美观有质感，让人赏心悦目、产生购买欲望。

### 3. 主动与优质达人合作

达人的数量有限，如果商家想要快人一步地获得更多流量，需要主动出击，直接联系优质的达人，让他们优先提交自己的产品。

商家可以利用"阿里V任务"平台，找到最适合自己的达人，然后给他们发布任务。商家也可以去"有好货"平台，找到竞争对手发布的内容，然后联系那些数据表现好的内容达人合作。

要注意的是，对于同一个产品，"有好货"只展示一个达人发布的内容。如果有多个达人发布同样一个产品，淘宝会通过赛马机制有选择性地展示，产品不会因为发布的数量、频次多而得到更多的展现。所以，不要找很多达人发布同一产品，只要有选择地找一两个优质达人即可。

### 4. 配合达人，给予创作建议

最了解产品的人是商家。所以达人接单后，为了让产品得到更好的数据反馈从而被"有好货"抓取，商家一定要提供产品的卖点以及介绍内容，再让达人去组合整理。

渠道也有很多规定，一定要按照格式来写。内容排列顺序应该是单品推荐理由及产品介绍、产品使用方法、产品选购知识、产品使用心得和购物经验分享以及品牌故事。

切记产品的卖点不能写太多，禁用词也不能写上去，否则不容易通过。这些都需要进行多次的沟通，最终由双方共同确认。

# 第 8 章　Chapter Eight
# 如何利用微信公众号卖货

客源是商家最看重也是最难解决的问题。即使是每年利润达上亿元的店铺，依然在花大力气吸收新客源，开拓新渠道，因为那才是能够源源不断创造收入的来源。

截至 2018 年年底，微信用户数量已超过十亿人，微信公众号是微信用户的主要阅读载体，不利用微信公众号进行推广的话就会损失很多网络流量。在时间经济时代，占有用户时间越多的产品被购买的概率越大。

微信用户已经养成 5~10 分钟的沉浸式阅读习惯。这非常有利于商家将品牌故事、特征、优势等内容详细地传达给用户，非常有利于非标品、小品牌产品的销售。

很多具有粉丝号召力的商家会自己开通微信公众号推广产品，而大部分商家只把它当作维护老用户的平台，并不能带来更多流量。如果想要卖更多的货，最好去别人的"鱼塘"里捞鱼，也就是与那些微信公众号大号合作卖货。

微信公众号投放是以群发信息的形式，以最快的时间送达粉丝的手机，在短时间内形成大量的成交。很多品牌都用这个方法获得了很好的效益。"轻生活"是一个纯棉卫生巾品牌，该品牌于 2016 年开始做微信公众号大号的广告投放，一共花费 200 万元，在 200 个大大小小的微信公众号投放广告，带来了

1200万元收益,投入产出比为1:6。该品牌曾经通过一篇阅读量仅1万多的文章产生了2000多单的交易;曾一天成交量超过8000单,并沉淀了15万名优质用户。还有一个著名的案例是创业者强亚东的斑马精酿啤酒,微信公众号"爆款文案"的文案大师关键明给商家写了一篇微信推广文案,24小时内即带来35.8万元销售额。此外,植观洗发水、HFP洗面奶等也都是通过微信公众号投放广告而爆红的产品。

营销就是做广告,一切营销活动都是广告,而做广告就是做内容。

## 8.1 如何找到并筛选出合适的大号

微信公众号的粉丝是根据不同的兴趣标签聚集在一起的。比如咪蒙的粉丝和杜绍斐的粉丝就完全不一样。商家首先得把自己的品牌特性和产品价值梳理清楚,这样才能有的放矢地选择微信公众号投放广告。

如何判断产品和品牌的受众与所投放广告的微信公众号的粉丝是否匹配?

首先要看产品是否与对方微信公众号的内容相符。如果是卖酒的商家,那么男性、历史、时政、军事、文化类的公众号都是可以选择的范围,美食、生活方式类的也可以投放;如果是卖服装类产品的商家,那么就最好是找时尚号做推广;卖零食的商家可以找美食号;卖户外用品的商家可以选旅行号、生活方式号等,按照同产品相关性去考量。

其次要看用户的属性。比如产品的用户群体是妈妈们的话,那么"凯叔讲故事"这个微信公众号就很适合用于做推广,但是单从公众号的名称上是看不出来的,所以需要去查清楚。

最后要看用户的消费能力。如果产品的单价很高,商家也需要去衡量一下微信公众号的内容是否合适为你做推广。比如MINI汽车与微信公众号"黎贝卡"的合作,不到20小时就销售了100辆汽车。"黎贝卡"的粉丝消费能力非常强,这个信息可以从微信公众号以前的文章和广告数据里面分析出来。如果某个微信公众号接的广告多为推销高单价、高档次产品的,而且文章本身也属于比较有小资情调的，那么这个微信公众号就比较适合用于高单价产品的推广。

很多商家会问，去哪里找这些微信公众号呢？

1. 多看"新榜"。"新榜"就是新媒体的排行榜，它的分类做得很全面，商家可以很快地在里面找到符合自己产品定位的微信公众号。你也可以直接搜索品类的或竞争对手的产品名字，找那些已投放过类似产品的账号。

新榜排行

2. 多接触广告代理公司。这些公司会发给你一些资源清单，可以从清单里看到有哪些微信公众号可以用，也可以查询到报价等信息。

3. 多看文摘类的微信公众号。这类微信公众号经常会转载很多账号的精华内容，比如十点读书、麦子熟了、富书等。多看这些账号的文章可以扩大资源库。

寻找合适的微信公众号是一个慢慢积累的过程，你需要不断地筛选，扩大自己的资源。一些合作过的微信公众号也会给你推荐一些别的账号。因为很多微信公众号之间有捆绑合作的关系，一部分微信公众号的商务对接资源可能都集中在一个人手上。商家可以主动出击，多去打听一下，问问对方手上是不是还有其他类似的账号资源等。

找到合适的账号以后，在确定合作之前，商家还要关注这个账号是否值得去合作。如果有的微信大号有数据作假的嫌疑，那又该如何判断呢？在想要和对方合作的情况下，商家至少需要翻看这个微信公众号 3 个月内发布的文章内容。主要看阅读量、点赞数、评论数、评论内容，当然这些都是可以造假的。但商家可以通过另一个指标来判断，那就是阅读量和点赞数的比例，如果点赞数不到阅读量的 1%，那么文章质量可能一般，或者有造假的嫌疑。接下来看评论数，如果评论数不到点赞数的 1%，那说明账号的活跃度很差，有很多死粉，同样有造假的嫌疑。

当然这种方式比较笨，效率比较低。还有一个更高效的方式，就是利用"新榜"的一个付费工具——分钟级监控。这个工具可以实时监控对方文章每分钟的数据。如果数据造假，那么监控就会有很明显的数据上的大幅度波动。一般来说检测一篇文章一天的情况就可以了，大概需要 12~18 个新榜金币。在投放广告的需求比较大的时候用这个工具会很方便。

有些微信公众号其实是不适合发布广告的，商家可以和同类型的优秀账号数据去做一个横向的对比，同时还可以翻看账号的历史文章，要特别关注该微信公众号已经发过的广告。如果账号的广告文章比平时文章的数据差很多，那么要么就是粉丝排斥广告，要么就是粉丝对这类产品没兴趣。

商家还可以看看对方广告文章下面的留言，如果能经常看到粉丝留言有"信任、期待"之类的字眼，那么可以考虑同对方合作。

查看粉丝留言

还有一些微信公众号由公司运营，这些账号的粉丝虽然多，但粉丝忠诚度不高，所以转化率也不是那么高。一般来说个人账号、有个人品牌的账号，转化率相对来说更高。

当然如果你和对方是以销售分成的形式合作，那么公众号数据造不造假、质量高不高、转化好不好这些问题就无所谓了。

## 8.2 如何与上万粉丝的微信公众号分成

如果你看中了某个微信公众号大号，那么需要首先确定与对方的合作形式。

对于普通的淘宝商家来说，目前和微信公众号大号的合作形式主要有两个，一个是单次广告费的形式，给一次钱给投放一次；还有一个是按照成交分成的形式。

目前，阅读单价一般为 0.2~0.3 元，这是比较合理的报价计算方式。如果你只是试试水就可以先准备 2 万元的预算，投放进 2 个报价为 1 万元的账号。如果花的钱少，那么数据流量太小，就没有太多参考性了，这个时候钱花出去也没有多大意义。

初创品牌的小店铺尽量以分成的形式合作,这对没有投放经验的商家来说是最合适的。在这个过程中,商家可以不断优化产品结构,打磨文案以提升转化率。当商家对销售数据更有信心的时候,再去投放直接付费的微信公众号,这样会更保险一些。

如果是以直接分成的形式合作,那么主要是看产品。如果是快消类的产品,那么销售提成一般在零售价的 20%~30%。食品类产品的销售提成一般在 30% 以上,美妆类产品的销售提成还会更高。

公众号广告投放

每次投放的广告费一般不会有太大变化,如果对方的广告被代理商买断了,那么报出的价格会稍微低一点。

现在做商业变现的微信公众号很多,能接受分成的已经非常多了,例如生活方式类、母婴类。如果有些微信公众号不接受分成的形式,那就要看具体的情况。例如有多个成功案例证明有影响力的微信公众号就可以与之放心地合作。还有一些确实比较好的大号可以先试试以支付广告费的形式合作。如果投入产出比非常高，那么之后再提出以分成的形式合作就水到渠成了。

推文带来的销量分成的结算时间，一般是 1~2 周后。

如果按照广告费形式结算，那么根据投放的位置，价格也会有所不同。第一条推文的位置是最好的，价格也最高。第二条推文的打开率会低很多，价格也相对低很多。一般来说，位置越靠后，价格越低。

确定好广告位以后，商家需要付定金。这个定金用来预订投放位置，以防临时调换。

能签订合同的尽量签订合同。合同要把广告费、分成的供货价、推文的时间、位置、是否要开发票等特别细小的商务条款写清楚。

一定要记得加入"开放留言功能"的条款，如果没开放的话，对方需要赔偿。因为开放留言和关闭留言的效果区别很大。如果没有合同，商家也需要在邮件中确定这些事情，万一以后产生纠纷的话可以有追责依据。

## 8.3 价值 100 万元的血泪经验，避过 99% 的坑

微信公众号的广告投放说简单也简单，说复杂的话也确实有很多需要注意的地方，一不小心就容易造成很大的损失。这一节我们来讲一讲广告投放中需要注意的一些细节。

### 8.3.1 哪些产品、品牌适合做公众号投放

投放微信公众号的核心好处主要有两个，一个是提升品牌曝光率，一个是增加产品销售量。一般来说适合推广的产品主要有以下几类。

（1）功能设计上有明显竞争优势的产品，如新兴品牌、新奇特产品、小众品牌。如蒙马特背包（测评类文章）、猫王收音机（消费升级类文章）、防脱发洗发水（案例类文章）、轻生活卫生巾（感人创业故事类文章）。

（2）传统大品牌做新品发布、新包装发售、KOL 定制款，使用公众号推广的传播效果也比较好。

（3）刚需类的产品，比如个护类、美妆护肤类等，零食生鲜、母婴类的产品都可以使用公众号推广。

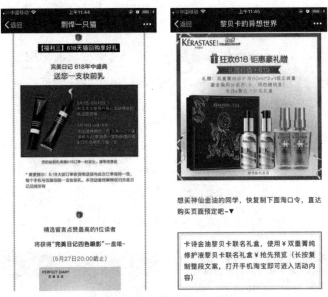

适合公众号推广商品示例

除新兴品牌和传统大品牌以及刚需类的产品外，商家还需要有很强的包装能力，能撰写好的文案，这些都能够提升品牌的价值感、信任感。

### 8.3.2 如何优化投放数据，调整投放方案

如果最开始投放广告所产生的数据反馈不好的话，先从自身找原因。首先看内容是不是写得不好，产品竞争优势是不是凸显得不够，销售刺激是不是做得不够，价格是不是超出了消费者的预期等。文章写得足够吸引人的话，能达到事半功倍的效果。

不要依赖 KOL 写文案，因为只有商家才最了解自己的产品。当然这个前提是商家有写好文案的能力。

其次要看承接页的效果以及跳转的体验。然后看投放的这个账号是不是有问题，看受众和人群是否匹配，从多个方面去优化。

投放的时间选择也很重要。周一至周四的文章打开率会更高,转化率也更高,因为周末很多人都会出去玩,微信公众号打开率相对较低。

### 8.3.3　如何提高投放效率和成功率

在添加了对方联系人微信等联系方式后,需要尽量简洁明了地报上产品名称、核心优势、利润比,曾经在哪个平台推广过等各项数据信息。比如"产品分销,某某品牌化妆刷,淘宝同类目前三,客单价若干元,利润 30%。有文案,与某某大 V 合作过,转化率若干"。

开门见山,不要过多寒暄。一般来说,公众号负责商务合作的人一天要对接很多人,业务繁忙。他们在选择合作伙伴时,一般会先看品类、品牌和数据,不太在意你本人,所以不必说些不痛不痒的客套话。

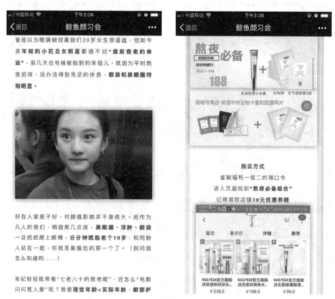

公众号投放示例

### 8.3.4　其他注意事项

微信公众号投放还有很多小的细节需要注意。比如同一篇推文投放在多个账号，商家需要看同类型的公众号粉丝是否重叠率太高。

对于那些侧重点不同的公众号来说，商家需要针对他们撰写不同类型的文案，给用户不同的体验和新鲜感。

如何测试效果呢？一般来说，下单量和文章阅读量的比例在1%的话就算不错了。

如果你和"一条"等知名大号合作过的话，那么这对于你接下来和其他公众号谈合作非常有利。

刚开始合作的时候，尽量采取分成的合作形式，因为这样风险最低，可以尽快跑出数据来。前期的准备工作尤为重要。一是文案，二是选择有足够利润空间的产品，最后才是找合适的微信公众号。所以，为了提炼核心卖点来吸引潜在用户，商家一定要好好打磨文案，在最短的时间内把转化率提到一个比较高的水平。

渠道只能提升曝光率，能否抓住潜在用户，一看用户的需求，二看商家能否打动用户，促成他们消费。文案内容体现的就是商家对产品卖点的提炼和对消费者心理的把控能力，把这些做好了才能把渠道的作用发挥到最大。与其把太多时间花在寻找渠道上面，还不如把文案写到最好。

# 第 9 章 Chapter Nine
## 如何利用微博红人、KOL 合作卖货

微博红人是当前涌现出的一大批新一代知识经济工作者。实际上"双微一抖"在笔者看来,都属于粉丝经济。微博红人通过展示自己的个性、爱好以及生活方式,让人们产生兴趣,从而获得忠实粉丝。通过网络平台获得大量粉丝后,红人们就可以开始卖货,同时不断经营,形成一个永续经营的"红人电商"模式。

为什么微博在微信的强力进攻下,还能够保持顶级社交平台的地位?最主要的原因是红人和明星的拉动,粉丝对红人原创内容有强烈的需求。而微博也为天猫、淘宝的交易量做出了很大贡献。截至本书成稿时,阿里巴巴仍拥有微博 18% 的股份,是微博的第二大股东。目前两家大平台也有着深度的合作,微博对淘宝是非常友好且开放的。

微博是红人裂变、传播的发源地,为红人和粉丝提供了丰富的互动方式。同时,微博在红人的个人宣传和形象管理中也发挥着重要作用。因此,微博目前仍是红人与粉丝们互动的第一平台,是红人实现流量变现的主要社交平台,也是淘宝全生态开放战略下最典型的代表。微博包含了内容、社群、电商三大商务变现模式,而电商是最直接的一部分。

目前淘宝上排名靠前的红人热销店铺有张大奕、雪梨、张沫凡等红人的店铺,粉丝数量在百万以上,绝大多数红人在微博上有很大的影响力。这些店铺

# Chapter Nine
## 第 9 章
### 如何利用微博红人、KOL 合作卖货

是纯微博草根达人崛起并在电商平台变现的典范。

目前微博上的红人主要分成三种：一种是以张大奕为代表的特别能带货的电商类；一种是以 papi 酱为代表的故事视频类；另一种是直播秀场类，以各种才艺展示和高颜值的主播为主。

目前微博红人能够实现最直接变现的产品类目有：服饰、鞋子、箱包、母婴、旅游、美妆等。如果你是这些类目的商家的话，也非常适合在微博上与 KOL 合作卖货。

## 9.1 微博红人如何创造年销售额 2 亿元的奇迹

红人电商的基本运作模式就是通过网络红人在社交平台聚集粉丝，同时发布购物推荐及链接，将粉丝导流到淘宝店铺，从而迅速将红人的价值变现。

目前最成功的红人电商平台式综合服务运营商有杭州如涵贸易有限公司，截至笔者交稿时，该公司已经签约近百位红人，利用红人的巨大影响力创造了建店一个月内销售额过百万元的纪录。该公司已获得了数千万元风投并在筹划上市。

微博平台上有大量粉丝的时尚红人们也在做淘宝店铺，这是快速有效地将自身流量变现的重要渠道。

**微博红人店铺列表**

| 排名 | 微博名 | 粉丝数（截至 2019 年 3 月） | 身份标签 |
| --- | --- | --- | --- |
| 1 | 张大奕 eve | 1054 万 | 瑞丽模特 & 淘宝店主 |
| 2 | 黄一琳 | 614 万 | 昕薇模特 & 淘宝店主 |
| 3 | 林珊珊 _Sunny | 728 万 | 中樱桃模特 & 淘宝店主 |
| 4 | 阿希哥 VCRUAN | 459 万 | 淘宝店主 |
| 5 | ALU_U | 604 万 | 模特 & 淘宝店主 |
| 6 | 管阿姨 | 229 万 | 摄影师 & 淘宝店主 |
| 7 | Fancystyle | 377 万 | 淘宝店主 |
| 8 | 左娇娇 Rosemary | 178 万 | 淘宝店主 |
| 9 | delicious 大金 | 384 万 | 淘宝店主 |
| 10 | 13c13c | 247 万 | 淘宝店主 |

现在年销售额过亿元的红人店铺已经很常见了。早在2016年,张大奕和雪梨的店铺就在"双11"当天实现日成交额破亿元。

时下小有名气的红人大都会开网店。这种红人盈利模式最大的优势是能够依靠红人的影响力,极速缩短店铺的培育期,以好产品配上合适的红人,实现店铺快速成长。

今天的企业,扩大、传播影响力大都依靠借势或造势。但是如果没有足够强的能力和足够多的资源,造势是相当困难的。所以对大多数企业来说,借势非常重要。谁率先占领风口,顺应了趋势,谁就有可能先飞起来。

因此,利用红人做内容与传播,通过吸引粉丝和运营粉丝在淘宝实现变现,已经成为很多红人电商快速崛起的必经之路。

## 9.2 红人电商和传统电商的区别

当然,红人店铺和传统淘宝店铺还是有很大不同的。现在我们就来分析一下红人店铺的特点。

### 1. 转化率高

红人店铺的转化率是非常高的,顶尖红人店铺的转化率约为20%,而传统电商的转化率达到5%就已经很了不起了。

红人店铺用户的购买行为更容易受产品页面展示的影响,因此对每个产品的描述都要做到极致,力求让每个用户都能够留下深刻印象。

### 2. 流量成本低

传统电商店铺的流量成本很高,大部分流量都是通过购买获取的。而红人店铺则能够源源不断地为自己制造流量。

### 3. 单价普遍较低

红人店铺产品的单价一般都在300元以内,所吸引的大多都是冲动型消费的用户。

#### 4. 产品数量少

红人店铺产品数量一般在 100 个以内。店铺初期的产品数量一般在 30~50 个。不同于一般的消费类网店动辄几百个产品。

#### 5. 重视质量和口碑

产品质量会极大影响红人的信誉。因此红人店铺必须严格把控产品质量和服务质量。绝对不能销售假冒伪劣、以次充好的产品。

#### 6. 不轻易降价

红人电商思维实际上就是奢侈品思维,绝不能陷入卖货思维。红人店铺宁愿把压库存的产品通过游戏的形式送给粉丝也不愿降价。

#### 7. 低库存

红人店铺多采用预售的方式,基本能够实现零库存。截至笔者交稿时,专业运营红人店铺的如涵电商全年不良库存率仅有 2%~3%,而传统服装品牌的不良库存率约为 15%~18%。

#### 8. 信任度高、复购率高、动态评分高、好评率高

红人店铺的用户都是高忠诚度的粉丝,所以用户的复购率很高,只要出了新品,粉丝有很大概率会抢购。顶尖红人店铺新品上市当天的火爆程度不亚于"双 11",且粉丝也大都会因为喜爱店主而给出更高的评分和更多的好评。

## 9.3 如何打造超高流量网红,做红人电商

在传统电商忙着转型升级找新出路的时候,红人店铺已经在几年前就实现了弯道超车,在淘宝平台上迅速崛起。"头部红人"保持着强劲的势头。"ANNA IT IS AMAZING""吾欢喜的衣橱""钱夫人家 雪梨定制""大喜自制独立复古女装"这 4 家红人店,2018 年的"双 11"当天的交易额均超过 1 亿元。

红人通过在社交媒体上展示自我而吸引粉丝购买产品,从而大幅降低了电商的流量成本。红人本身就自带流量,能为企业节省大量流量费用。

打造和培养红人,做红人电商,可以参考如涵电商的模式。红人电商的经

营本质就是将互动平台吸引来的粉丝转化为产品购买者。

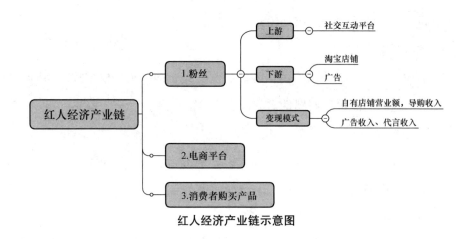

红人经济产业链示意图

## 9.3.1 如何定位，打造个人品牌

**1. 红人画像**

红人一般通过展示自身兴趣成为某领域达人，经过逐渐发展而在社交平台拥有固定的粉丝群体。

红人大都是有个性、有追求的人。

红人的主体是或有颜或有才或有料的魅力人格体。

红人能够持续输出有价值的内容以供粉丝消费。

电商红人能够帮助用户选择产品，这是他们最核心的价值。

**2. 粉丝卡位**

如今"90后"已经成长为消费主力人群，也是红人店铺的最主要消费群体。这代人获取时尚趋势的渠道不同于前人，他们追求潮流，更追求个性。他们更相信接地气的、贴近自己生活的红人。

**3. 红人和粉丝的对位**

消费者对于产品体验的需求与红人提供的生动形象、专业的购物指南要有非常高的契合度。

红人需要和粉丝维系融洽的关系，需要尊重粉丝的意见和建议。通过和粉丝的互动，快速传播个人品牌。

### 9.3.2 如何挑选有潜力的基础微博红人

在挑选红人时，要遵循流量、粉丝量、影响力和变现能力等标准。商家需要的红人不能是零起点的，至少得有几万粉丝。

对红人的综合素质要求比较高，除要有一定的审美能力和吸引粉丝的魅力外，还需要具备很多特质，比如亲和力、时尚感、导演能力等。不仅如此，红人还必须善于学习新知识。

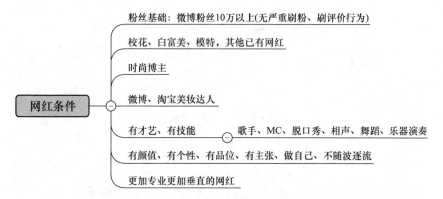

目前微博的时尚红人大约有十几万人，而真正能够运作成功的只有大约几千人，成功比率为几十分之一。不过只要掌握了正确的方法和成功路径，成功概率相比其他的行业还是高很多。

### 9.3.3 以一个小网红开局，你要如何打造她

目前红人店铺的运营都有固定模式，新人可以仿造如涵公司的网店装修风格和微博风格，提高粉丝信任度。

红人经济不是卖货经济，而是奢侈品经济，是吸引力经济，是传播经济。必须从以销售为导向转变成以传播为导向，忘掉销售数字，集中精力做传播、做引爆。

# 09 无内容不电商：电商内容运营指南

**1. 常规内容运营**

粉丝关注红人，有时不一定是因为红人本身，而是因为红人通过自己的专业知识和能力产生的一系列内容的集合。这些内容通过文字、图片、视频、直播等形式展示出来，粉丝得到的是立体的感觉，也更容易被这些内容所吸引。

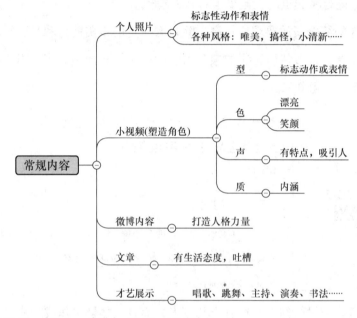

内容类型：图片、文字、视频、音频。

运营手段：采集、创作、审核、编辑、呈现、扩散。

（1）内容的采集与创作

通过挖掘粉丝的数据，商家可以了解用户喜欢什么样的内容，该以什么形式呈现内容等。只要内容调性的大方向找对了，最后都会取得不错的效果。

（2）内容的管理与呈现

实际上，如果内容主角是很有魅力的美女，那么其内容本身就已经具备很大吸引力了。但要获得更好的效果，还需要在内容描述、配图、视频的拍摄等方面多下功夫。

红人的内容可以是PGC（专业生产内容），也可以是UGC（用户生产内容），只要内容好，就没有限制。

其次，红人还需要好的故事，任何人只要讲出一个非常好的故事就可能会被认可。故事一定要是自己的真实经历，这样才具有足够的说服力。同时，这个故事一定要吸引人，能够表达多数人的想法和愿望，通过这个故事引起大多数粉丝的共鸣。

内容一定要体现红人在领域内的专业性，这样才能够更精准地将产品导向粉丝的需求。这是一门需要同时具备高智商与高情商的学问，不仅仅需要高颜值。

最后，红人还要注意内容时效性、内容的挖掘、产品化、包装策划等。

（3）内容的传导与扩散

红人的内容推送渠道分两种。第一，内部推送，通过微博、淘宝达人推送等；第二，外部推送，通过优酷、秒拍、蘑菇街等推送。

（4）内容的定位与评估

红人需要保证优质内容得到合理的展示并源源不断地产生带有自己独特个人风格的内容，保证内容能够吸引更多人来参与。

要实现长期的运营，商家还需要考虑内容栏目品牌化、商业化、专业化的问题。

### 2. 互动

红人们可以通过微博、优酷、微淘、微信、淘宝直播等平台与粉丝互动，一般来说每天必须有 2~3 小时的互动，这是最能够增加粉丝黏性、提高转化率的手段之一。

同时，红人需要让粉丝有参与感。必须要更多地以提问和调侃的形式与粉丝持续互动。当粉丝参与到红人的生活中后，就会进一步拉近他们与红人的距离，从内心认可红人。

粉丝很善于表达自己的情感，通过口口相传实现裂变传播，最后让更多人成为红人的忠实粉丝。

3. 红人数据指标

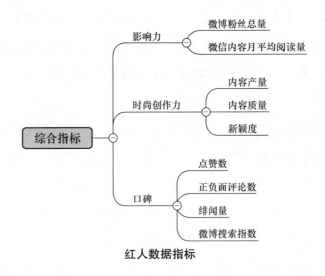

红人数据指标

红人的各项综合数据可以通过以下分析工具来获取。

百度指数：http://index.baidu.com/

微博指数：http://data.weibo.com/index

优酷指数：http://index.youku.com/

阿里指数：https://alizs.taobao.com/

### 9.3.4 如何用100天催熟微博新人，实现变现

有一个快速增长粉丝和流量的方式是"病毒"营销，即通过制作"病毒"内容进行快速吸粉。

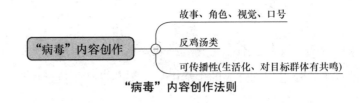

"病毒"内容创作法则

首先建立一个数据库，收集竞争对手的内容数据、粉丝偏爱的内容数据和目前最火最流行的内容数据等并每天进行更新。通过数据比较，得出适合

自己制作和传播的内容。吸粉视频的制作可以参考 papi 酱、艾克里里等视频红人。

### 1. 制作内容

了解目标人群的需求后，内容制作就简单了。首先写出视频的拍摄脚本，即每个镜头应该拍摄的内容。然后使用合适的拍摄设备按计划拍摄。需要注意的是，前期准备工作越细致越好，因为如果产生问题，后期编辑视频的时候很难补救。

视频制作好之后需要宣传和传播。商家可以运用各种方式传播，视频被越多人看到，成功率越高。当然视频本身也要足够好，要具有"传播因子"。最后还要追踪测量视频的效果，给出结果报告，持续优化视频。

### 2. 打造"病毒"内容

捆绑热点人物、热点事件，引发粉丝的情感共鸣，打造自己的独有气质。

病毒视频需要在自媒体、微博等平台、外部相关网站、论坛等进行宣传。

### 3. 宣传扩散加成助推

微博的"粉丝通"是红人、达人们必备的营销工具。微博"粉丝通"可以有效地加粉、吸粉，快速地把红人展现在潜在用户的微博首页，实现快速导流。你还可以使用"微博易"工具，让大 V 转发你的微博，利用好粉丝头条，抓住热点、制造话题等，或开展有奖转发活动，两三千元就可以获取 10000 多粉丝。如果你有颜值，能全职、全身心投入，持续耕耘细分内容一百天，你基本上就可以不靠任何外部催熟而被平台推荐。

这里主要讲的是微博推广，红人们在淘宝内还有更多的优势，比如可以直接做淘宝红人直播，可以享有红人店铺的权重倾斜等，优点非常多，这里就不一一赘述了。

## 9.4 怎样找到合适的红人大 V 一起获益

当然，红人电商虽然拥有种种优势，但打造一名优秀的红人电商不是一朝一夕的事情，而且很多时候，红人电商成功与否也和红人本身素质以及各方面的综合因素相关，打造的成本也不小。因此，大部分电商选择和网红合作卖货。

比如雅萌美容仪就是选择了一些长相富有亲和力的时尚红人为形象代表，以红人们的品位和眼光为主导，进行产品的测评和视觉宣传，然后把红人的粉丝转化成为购买产品的用户，把红人自身的口碑和信誉都转嫁到品牌上。这是很多商家与红人大V的基本合作模式。

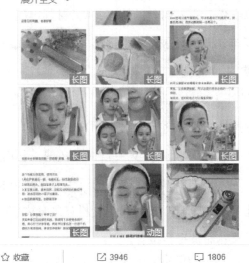

与红人合作

那么如何找到这些红人、达人或大V呢？其实方法有很多。

（1）看竞争对手的合作信息

这是最简单、最直接的方式。可以直接搜索竞争对手的品牌名，也可以直接搜索产品品类。在搜索结果中就可以找到很多竞争对手的合作信息。

## 第9章
### 如何利用微博红人、KOL合作卖货

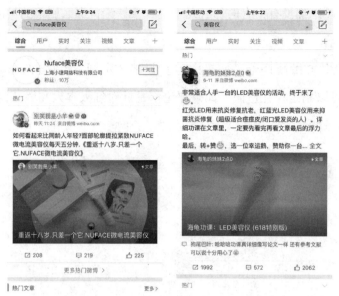

微博投放示例

（2）找粉丝趋同的商家

比如对于卖眼霜的商家来说，几乎所有的美妆类产品达人、大V都是可以合作的对象。生活护理类、女性用品类产品也是如此。

（3）找合作方推荐

一般来说，好的微博红人、达人的合作渠道是掌握在经纪方手里的，经纪方有大量的大V、达人的联系方式。你可以把需求告诉他们，让他们帮你推荐。

找到这些红人不难，难的是筛选。如何把具有更强带货能力的红人找出来是中小商家需要多加考虑的问题。

转发数、评论数和点赞数是判断对方对粉丝影响力的重要手段。这里很重要的一点就是，你并不需要看他们的粉丝数，因为粉丝数有造假可能。即便对方真有这么多粉丝，如果疏于管理，活跃度不高，也没有任何意义。

同时，你还需要更细致地看三个部分。

（1）深度

翻看对方之前发布的内容，看看是否每条微博都有一定的评论数。如果有

的微博一个评论都没有，有的却有几十上百条评论，那么刷单的可能性很大。

（2）内容

直接看对方微博评论，如果内容有很多"水词"（放之四海而皆准的评论），基本可以判定存在造假。如果评论都是针对红人本人和微博内容而写的，那么造假的可能性就低一些。

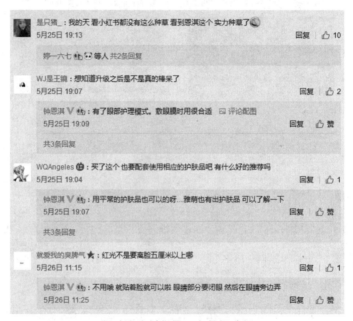

通过评论判断是否有数据造假

（3）对方和其他品牌合作的情况

如果一个品牌多次和对方合作，那么说明对方的带货能力是经得起考验的。

合作方式一般分三种，一种是直接付广告费，一种是"广告费+提成"，还有一种是纯提成。一般来说，微博上以前两种方式为主。在大部分情况下，微博红人对于美妆类产品的带货能力比微信公众号大V强一些。

# 第 10 章　Chapter Ten
## 如何截取抖音短视频红利流量卖货

如果你错过了微博、微信公众号、直播等近些年几乎所有大的风口，你也不用沮丧，因为一个新的大风口已经来临。如今，竖屏短视频即将成为电商创业者又一条截取红利流量的快车道。

如今已经不再是争夺流量的时代，流量早已经饱和，现在是争夺用户时间的时代。而自从2017年6月"记录美好生活"的短视频App"抖音"横空出世，它立即就在几乎所有领域疯狂抢夺用户时间。

权威移动互联网数据提供机构QuestMobile发布的《2018中国移动互联网春季报告》显示，抖音的崛起分割了几乎所有细分领域的流量。优酷、腾讯、爱奇艺、B站这些在线视频用户端的总用户使用时长占比从10%下降到了8.8%；微信和QQ的用户使用时长同比下降了5%；抖音、快手、西瓜视频的总用户使用时长居然超过了日活跃用户数量比之多得多的手机淘宝。

作为一款现象级产品，抖音的日活跃用户数量也走在一个超速增长的通道上面。2017年春节后抖音的日活跃用户数量是春节前的两倍，而到了2018年五一节前后，已经攀升到2017年春节后的两倍。2018年6月，抖音日活跃用户量大概1亿，预计还会有2亿的用户增长空间。

而自从抖音出现了购物车按钮关联淘宝购物以后，这就意味着电商商家们又多了一处生存空间。在抖音和阿里巴巴实现联手后，抖音将成为阿里淘系站外的一个重要的流量补给站。

如今,"双微一抖"(微信、微博、抖音)的移动互联网格局正在快速形成中,没赶上"双微"红利的商家可以尝试抖音,即便拿不到红利但起码不掉队。这个时代变化太快,一不留神,就可能会被对手打败,所以赶紧行动起来,最重要的红利机会已经到来。

## 10.1 新手入门——如何玩转抖音

在普通人的眼中,抖音可能就是一款比较好玩、能够消磨时间的短视频App;但对商家来说,它却是一个拥有无限可能的、能够带来大量流量和成交量的电商利器。

在抖音中,除违法、违规的产品外,绝大部分产品都可以在这个平台进行推广,很多商家都已经开始在抖音布局,大到房子、汽车,小到儿童玩具、护肤品,应有尽有,无所不包。所以,如果你想抓住抖音的红利就要跟时间赛跑,快速学习并且实践起来。

首先给大家简单介绍一下新手如何快速入门抖音,利用短视频在抖音获取精准流量并且卖货。

### 1. 定位

要利用抖音卖货,首先需要对账号进行精准定位。毕竟你的账号是要用来获取流量,让产品创造效益的。如果卖的是母婴产品,那么你就可以把账号定位成一个妈妈的账号。

### 2. 注册账号

你需要注册一个抖音账号,根据定位设置一个比较贴切又有意思的账号名字。这和运营微博是一样的,也好比路边的广告牌,你账号的粉丝数量的多少,决定着你的广告牌的大小。

当然,即便没有足够的粉丝量,账号只要符合平台的热门算法规则,也会获得大量的曝光推荐。

### 3. 完善账号

有了账号之后,你就可以考虑变现的问题了。你需要注册相匹配的淘宝店铺、微博和今日头条并与抖音账号绑定,同时在个人介绍中加入自己的微信账号。短视频账号就像士兵,在前方拼命获取曝光资源,而后方绑定或引流进入的淘宝店铺、微博、微信和今日头条就要把这些流量都和产品连接起来,进行变现。

### 4. "热门推荐""关注""同城"是抖音的三大流量窗口

相信大家都知道"热门推荐",当你打开抖音 App,默认的就是这个页面。在热门推荐里的视频,全平台的人都能看到,这是一个获得巨大曝光量、涨粉的窗口。每个作品都有一定的初始曝光量,但如果点赞率和评论率都比较低的话,就会被停止进一步曝光推送。

"关注"和"同城"可能大家用得相对少一些,但同样也是抖音的巨大流量窗口来源。"同城"板块顾名思义就是你当前所在地的抖音用户发布的短视频,"关注"板块集合的是那些你关注过的所有账号发布的内容。

抖音"关注"和"同城"页面

### 5. 被热门推荐的因素

一般来说,热度高的短视频一定会上抖音的推荐位,而热度 = 播放数 + 点赞数+评论数。一个作品发出去，过几分钟就能看出它是否具有成为热门的潜力，如果短时间内播放量很高，那么其上热门的概率就会很大。

其次是点赞数和评论数，如果点赞数和评论数持续上涨的话，就可能会成为一个几十万甚至上百万播放量的热门视频。

### 6. 内容制作

如果想要快速受欢迎，可以参考一下著名的3B理论：Beauty——美女、Beast——动物、Baby——婴儿，这三类都是大众比较喜爱的内容，在抖音推荐里，你会看到看到大量类似的内容。

### 7. 发布内容

发布内容的流程依次为上传视频—选封面—画质色调—背景音乐—视频描述—添加位置—添加挑战—发布内容。

### 8. 视频描述

对于短视频的观看效果来说，视频描述文字很多时候会起到画龙点睛的作用。比如，同样一段很简单的视频，你如果配上搞笑或煽情的文字，效果就会更好。

 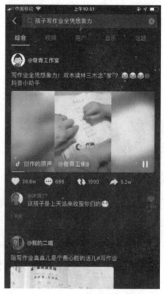

视频描述配文字

同时，在发布内容的时候一定要添加话题，并且选择热度较高的话题，这样视频上热门机会将会更大。

**9. 背景音乐选择**

背景音乐一定要和视频内容完美契合，不然会严重影响用户体验。如果你不知道选择什么样的音乐，可以选择用户认知度比较高的、比较流行的音乐。

**10. 发布时间**

上传视频的时候也要注意时间。如果你的用户群体是宝妈们，那么你的发布时间可以是早上7--9点和晚上10点以后，因为宝妈们平时带孩子很忙，一般都在孩子睡觉的时候才有时间看手机。针对其他目标群体，你也要根据实际情况灵活调整视频发布时间。

保持一天更新两次，更新频率不宜太高。内容发布后，要有人专门维护评论，回复用户的问题，经常和用户互动。做得好的话，粉丝活跃度和忠实度都会有很大提升。同时可以通过回复，对用户进行引导增粉。一般来说，粉丝数要在1万人以上，发布的视频才有更大的概率进入热门推荐。

## 10.2 拍好抖音视频轻松上热门

如今最容易把内容转化为销量的手段还是个人出镜，通过为用户提供有价值的内容打造个人IP实现增粉，进而转化为销售。这类视频也是最容易火的。

那么如何拍好这类视频轻松上热门呢？

### 10.2.1 独特的抖音推荐算法机制

如果想要登上热门，首先要了解抖音的推荐算法机制。

在抖音里，平台会给每一个用户贴上标签。有了这个标签，就可以持续精准地向用户提供符合标签的新内容。如果你是经常看美女相关内容的用户，那么平台就会不断给你推送更多标签为美女的内容；如果你是一个经常关注宠物视频的用户,那么平台就会给你推荐更多关于萌宠的内容。

用户之所以会一直沉溺在抖音平台中无法自拔,就是因为抖音一直在给用户看他们喜欢看的东西。因此商家一定要做好定位,选定一个领域,然后把自己打造成该领域的专家,进而去引流,吸引更多用户关注。

在精准的定位下,每天上传的都是同一类型的内容,做好垂直细分领域,同时匹配自己的产品。比如卖大疆无人机的商家就可以发布跟无人机相关的视频;卖玩具的商家可以发布与玩具相关的视频。

**抖音拍摄创意**

此外,抖音作品最终呈现的效果取决于初始流量的表现,我们要想办法让作品在流量池中展现出好的数据。这个数据是以四个标准为参考点的,分别是点赞量、评论量、转发量、完播率。

评论量取决于内容是否具备较强的互动性;转发量和点赞量取决于用户对内容质量和传达方式的认可;播放率取决于该视频能否持续抓住用户的注意力。

我们也会发现这样一种状况,有的视频刚刚发出来并没有上热门,但是过了一段时间后，突然就火了。这是因为推荐算法会带火一些优质的老视频。

## 10.2.2 如何打造让用户主动点赞的 IP 短视频

当我们知道了抖音的推荐机制后，就可以更好地在规则允许的范围内把自己打造成一个人格化的 IP 形象，这样就会更容易促进转化。

一般来说，人格化的内容包括鸡汤型、专家型、领袖型。

卖护肤品的商家可以把自己打造成护肤达人的形象，讲述如何极速祛痘，如何改变肤质等内容；卖减肥产品的商家可以把自己打造成减肥达人的形象，输出专业的减肥瘦身知识，发布健身运动的视频等。

在拍摄视频的时候，需要注意自己的穿着打扮、举止谈吐等。同时，传播的内容一定要真实可信，这样才能留住粉丝。

如果不想出镜也没关系，你可以用声音来打造 IP。比如将视频的背景音换成自己的配音，具有辨识度的声音和配音风格就是你的 IP。

同时昵称和个人介绍也要进行包装。

昵称可以根据产品的痛点来取，比如卖减肥产品的商家，可以取"瘦身纤体我最拿手"之类的名字。

除昵称外，你也可以在个人介绍做中进一步的阐述，比如"一个月从 128 斤瘦到 98 斤"之类的既符合事实又吸引人的内容，当然最重要的是要留下联系方式。

做好定位后，你就需要一直专注于这个领域，发布同类型的视频。内容不能太杂，否则抖音无法识别账号类型，这个和淘宝是一样的。如果你每天发的都是同一类型的内容，抖音就会给你贴一个标签，把你的内容优先推荐给喜欢这类视频的人群。同时，如果他们成了你的粉丝，必然是因为喜欢这种类型的视频，而如果你发布其他类型的视频，就可能被粉丝取关。

这跟做产品是一样的，我们需要的是精准的粉丝，从这一点来说，抖音是最适合引流精准粉丝的超大流量平台。

### 10.2.3 作品没人看？拍这 4 类短视频最容易火

抖音用户大多为"90后""95后""00后"，一般来说，颜值、舞蹈、创意、生活、运动、游戏、唱歌、正能量等内容，是这些用户比较喜欢的。笔者总结了一下，一共可以分为"美、萌、酷、搞"4 大类，只要属于这 4 大类的视频都比较容易被推荐。

美，就是颜值高的帅哥美女类视频。

萌，就是萌娃、萌宠。把他们可爱的一面展现出来，大多能够获得大众的喜欢。

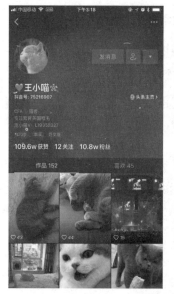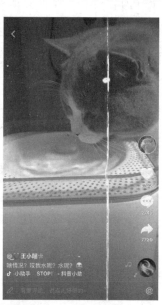

抖音萌宠视频

酷，就是潮人、潮服、潮物。这类视频一般都有炫酷的音乐特效和炫酷的后期制作。

搞，就是搞笑反转类视频。你可以选择那些热门的作品进行模仿，同时也可以多选择一些比较火的挑战素材进行创意创作。

## 10.3 揭秘 3 类最适合卖货的短视频，一周增粉 10 万+

俗话说，选择大于努力。商家一定要选择符合抖音用户口味的短视频，

## 第 10 章
### 如何截取抖音短视频红利流量卖货

这样比较容易获得推荐。商家还可以搬运知识型、教程型、观赏型等类型的视频。

**1. 知识型**

卖服装的商家可以搜集一些穿衣搭配的小技巧，然后用"文字＋美图"的方式制作成有趣的短视频，在主页留下微信号，或者以私信的方式告知用户"添加微信免费获取更多穿衣搭配技巧"；销售减肥产品的商家可以发布减肥知识短视频；销售养生产品的商家可以在抖音平台上发布养生、健康小知识短视频来吸引粉丝。

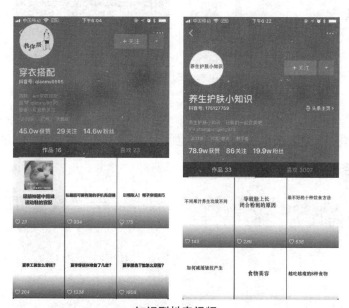

知识型抖音视频

**2. 教学型**

卖宠物用品的商家可以搜集一些训狗的短视频教程发布到抖音，吸引关注。商家可以在主页留下微信号，或者给用户发私信，告知他们可以加微信一起交流训狗心得；销售手工艺品的商家可以在抖音发布折纸、剪纸等手工才艺短视频；销售美甲类产品的商家可以在抖音上发布美甲技巧教程短视频以吸引粉丝。

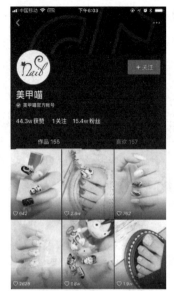

教学型抖音视频

### 3. 观赏型

观赏型视频一般吸引的是泛粉,也就是不那么精准的粉丝。这类粉丝虽然没有那么精准,但是涨粉速度会更快,虽然转化得少一点,但是也可以卖货。

观赏型抖音视频

抖音有很多写字的短视频都非常火，所以商家可以搬运那些写字的短视频。这种视频看起来很简单，但是却能吸引粉丝，快速实现涨粉。

## 10.4 涨粉太慢？你不知道的抖音6大涨粉手段

有很多人的视频虽然登上了推荐，但是粉丝数量却一直不涨。事实上，有了一定的粉丝基础后，视频就更容易上推荐，这是有权重加成的，关注了你的账号的用户会有更高的概率刷到你的视频。所以，我们这一节来说说抖音涨粉的技巧。

### 1. 优质内容

基于抖音的信息流推荐算法，成为你的粉丝会有更多机会看到你的视频。所以，抖音用户关注你的一个最核心的原因就是他们"害怕失去"。他们担心如果不变成你粉丝，就再也看不到你的视频了。所以，我们可以推算，有亲和力、颜值和表现力的个人IP特别容易获得高赞数，转化粉丝的效率也更高。而一些比较罕见的景色和体验，虽然容易获得很高的点赞，但是却难以转化为关注。

所以短视频一定要能吸引人关注，而不是只能吸引点赞数，却没有办法得到关注。

### 2. 矩阵互关

加入或创建一些抖音用户的交流群，群友都是有一两万粉丝的。互相关注账户，也可以导流一部分粉丝。

### 3. 关注引导

上传视频的时候，要写视频介绍，用话术引导。比如"关注我可以看到更多精彩的视频""转发这个视频会有好运"。

### 4. 上下集引导

上集留悬念，告诉观看者答案在下集。最常见的就是魔术表演类的短视频，在表演完一个魔术之后就留下一句："关注我，下集出教程，告诉你怎么变。"虽然大家都很讨厌这种话术，但还是忍不住好奇去关注他，这招特别有效，很容易涨粉。

### 5. 从其他平台导入

如果你做过公众号，或者在其他平台上有很多粉丝的话，你可以转发视频到这些平台。很多比较成熟的商家有很大一批微博或微信粉丝，可以把这些粉丝导到抖音中，让这些粉丝给视频点赞、发送好评。能过来捧场的都是铁粉，这些铁粉能够成为抖音视频的基础流量，使你的视频比零基础的更容易登上热门。

### 6. 粉丝裂变

在你有了一定粉丝的基础后就可以考虑粉丝裂变。你可以在抖音平台上面举办一些活动，通过各种奖励让粉丝们点赞、转发。

粉丝裂变

## 10.5 如何快速把所有粉丝转化为效益

抖音的带货能力是不错的，目前有两套向着不同方向使劲的打法。第一是对"个人"下功夫，打造个人 IP 的专家形象之后，引流到微信成交；第二是围绕着"货"来打造内容，一般都是新奇特的产品，它们本身就可以制造创意内容。

通过抖音引流然后加微信过来的粉丝，其实对你的信任感已经非常强了。所以这个时候的朋友圈一定要让他们体会到参与性，比如新人进来点赞可以有优惠，让粉丝和我们互动。

粉丝刚加你微信的时候，你应该主动打招呼。卖服装的商家可以发送这样一条信息："亲爱的，谢谢那么好看的你来到我的衣橱间。想要选我家和你气质相配的衣服，回复1；希望我更新新款，回复2；么么哒！"

如果对方能够回复你，那么他肯定是有意向的粉丝。不管是回复1还是回复2，都对我们有利。这样比那种没有目的性的沟通成交率更高。回答1的是高度意向粉丝，那你就先询问对方的身材，然后直接推荐产品；回答2的是感兴趣的粉丝，但还没有特别高的成交意向，还在考虑中，那么你可以先让他自己看看你的朋友圈。

同时你需要把这些粉丝都贴上标签，分类管理，这样才能高效率地和粉丝沟通。

为了提高转化率，把粉丝转化成效益，我们需要在以下三个方面下功夫。

**1. 朋友圈内容布局**

朋友圈里的所有内容都需要和你的产品及个人形象相匹配，你要把自己打造成粉丝想要成为的那个人。内容需要包含产品，但不能仅仅是产品，还要融入个人生活。

朋友圈的布置一定要人性化，不能全是广告，不然转化效果会很差，而且易导致粉丝取关。适当性地发广告，先交朋友，再卖东西。为了提高转化率，你还需要发一些成交截图、用户反馈等。

一个新的微信账号如何快速提升信任感呢？

你可以首先发一条短视频，告诉所有人这是我的另一个新号，老号已经加满了等。当然，"图片+文字"也可以，但短视频比文字和图片更具有说服力。

### 2. 社群营销

对于那些感兴趣的、有意向的用户，可以单独组建一个微信群，通过社群营销再做进一步的转化。当产品上新时就发到这个群里，平时也可以发一发买家秀和用户反馈等，刺激用户的购买欲望。每个月也可以举办一些促销活动，增加用户的活跃度，提高单个用户的成交额，争取让那些对价格敏感的用户也下单体验。

### 3. 群发话术

在和用户沟通的时候，一定要表达出自己很忙碌的感觉。所以你的群发内容可以是："各位宝宝看好朋友圈，喜欢的，截图给我下单，不议价！"

如果你上新款的产品了，那么你可以群发："亲爱的晚上好，我是某某。最近一直在给大家更新新款服装，有符合你气质的款，穿上去想不让人约你都难，人靠衣装，就是要让你美美哒，我等你来哟。"

这样就在让粉丝不产生反感的同时促成更多的成交。

# 第 11 章  Chapter Eleven
# 抖音短视频卖货技巧全攻略

抖音就是一个"杀时间"的平台，这决定了抖音的用户在打开 App 的时候，是没有任何目的性的，处于毫不设防的情况下。而在这样的状态下，广告主植入的产品信息是非常容易被没有设防的用户接收到的，他们不会认为这是一个广告，自然就会毫不抵触地产生购买心理。

所以，在这一章，请大家暂时忘记前一章的"先做内容再导流到微信成交"这套逻辑，我们直接在抖音开店，售卖那些"短平快"的、低价的刚需性产品。

## 11.1 做什么内容才能在抖音把货卖疯

选择错了，很可能所有你做的事情都是无用功。就抖音平台来说，不是所有产品都适合直接售卖，也不是全部短视频都适合卖货。在你通过抖音卖货之前，你需要先做好定位。一定要选择不需要特别说明的刚需性产品，而且价格不能过高，尽量控制在 100 元以内，最好是设置能让对方不假思索就能直接购买的价位。衡量产品选择的大标准可以从"女人要漂亮""小孩要聪明""男人要赚钱"这三个方面来下手。

### 1. 女人要漂亮

淘宝的主要消费群体是女性，抖音也不例外。"女人要漂亮"这一块不外乎服装、鞋包、化妆护肤类产品。在抖音，有许多教人化妆的"大神"，每次化完都像变身一样。如果你没有这方面的能力和技术，那么也可以只展示这些产品。当然，如果是真人出镜，效果肯定要好很多。你可以给出使用后的真实体验和产品评测。

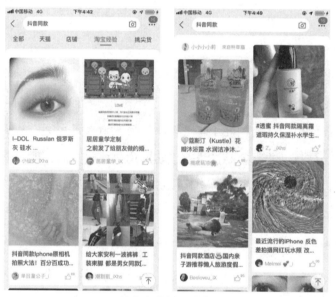

抖音上的化妆品类

同样，服装鞋包类的短视频最好也是找颜值高的模特来做，背景不要太单一，室内拍摄和室外实景拍摄可以交替进行，这样不会显得单调，层次丰富。

### 2. 小孩要聪明

现在最有消费能力的群体是家长们，虽然家长们平日里自己省吃俭用，但是对自己的孩子却特别舍得花钱。抖音的出现带火了很多亲子玩具，淘宝儿童玩具类目销量第一名的青蛙吃豆，以及小心恶犬、开心小猪爬楼梯等产品的热销都是抖音带来的。

# Chapter Eleven
## 第 11 章
### 抖音短视频卖货技巧全攻略

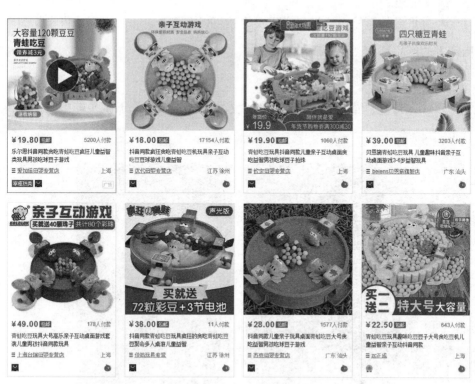

抖音"带火"的儿童玩具

**3. 男人要赚钱**

抖音平台上有很多用户把网上的那些励志故事、赚钱干货等文字内容做成短视频的形式,往往也容易吸引大量粉丝的关注。当粉丝多了之后,再在抖音卖一些教程、课程等相关的产品,转化就非常好。如果你的声音很好听,颜值也不低,真人出镜的话还能很轻松地打造个人品牌,且更容易吸粉。

除此之外,像美食类、兴趣生活类的短视频,也都是容易变现的。好吃和好奇是所有人都有的天性。尤其是美食,民以食为天,这些美食类短视频让那些睡觉前刷抖音的用户满足了口欲,而抖音也捧红了许多小吃店。

## 11.2 如何快速通过抖音橱窗开店卖货

在抖音平台上你必须开通橱窗功能后才能够卖货。橱窗功能需要申请,并且要经过平台的审核。通过了之后，你就可以在抖音上正大光明地售卖你淘宝店铺上的产品了。

具体怎么操作呢？

首先，打开抖音，进入"我"的个人设置里面，点击右上角的小按钮，再点击"设置"按钮。

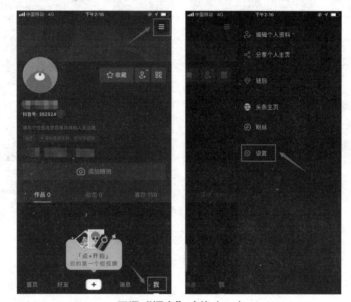

开通"橱窗"功能（一）

进入设置部分后，点击"商品分享功能"按钮，进入到"商品分享功能申请"页面。申请条件有三个：第一，粉丝量；第二，发布了不少于10个短视频；第三，通过了实名认证，满足三个条件即可申请。目前对粉丝量没有明确的规定，但粉丝量越高越容易通过，而且有了粉丝才能够产生转化，所以在初始阶段尽量先积累一定的粉丝再发布商品链接销售商品。

待官方审核后，你就拥有了展示个人商品的电商橱窗主页，粉丝可以直接进入购买。并且你也可以在你发布的短视频上面添加淘宝链接，直接开始售卖。

# Chapter Eleven
## 第 11 章
### 抖音短视频卖货技巧全攻略

开通"橱窗"功能（二）

## 11.3 快速打造赚钱的抖音号实操攻略

很多时候，我们把卖货这件事情想得复杂了，卖货其实很简单，就是两个步骤，把广告打出去，卖货，然后收钱。这里就给大家说一下最简单的抖音卖货步骤，不费力，不烧脑，一个月内打造出成熟能卖货的抖音号。

开通抖音商品橱窗功能，开通方法在上一节讲过。为节约时间，大家也可以选择直接以付费的"DOU+"工具推广。DOU+ 是什么呢？简单来说，这就是一个营销工具，只要你花钱，就可以通过这个工具把你的短视频推荐给更多的用户，提高你短视频的播放量，至于完播率、点赞、粉丝数、评论、转发等数据，官方是不保证的。目前来说，该工具价格较高。花钱涨粉只是一个选项，但只要你做的短视频不是太差，用 2000 元钱把粉丝量提高到 1 万应该不是什么问题。

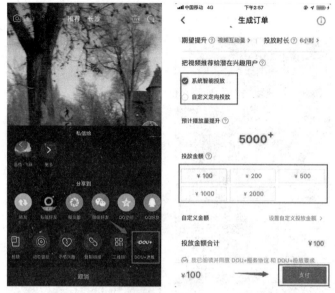

DOU+ 工具

注意，账号满 1 万粉丝之后，你就可以申请开通直播权限。有了直播权限就可以结合淘宝直播一起给店铺涨粉，促进成交，等于为自己的淘宝店铺增加一个成交入口。

如果你的作品已经上了热门，那么这个短视频你还可以再发一次，获得再次推送的概率很大，能够获得翻倍的流量。

一般来说，精准卖货的抖音号如果有上万粉丝的话，坚持每天发作品，那么一天大概能带来 20~50 个左右的精准粉丝，这些粉丝成交率都很高。如果你的短视频是真人出镜的话，那么信任度和成交率会更高。

## 11.4 做抖音爆款的必备工具

在抖音的日常运营中，有三种类型的工具特别有用，分别是短视频数据工具、短视频制作工具、第三方平台。

### 1. 短视频数据

这方面的免费数据平台有 TooBigData（https://toobigdata.com）、抖大大

# Chapter Eleven
## 第 11 章
### 抖音短视频卖货技巧全攻略

（https://www.doudada.com）。

抖大大数据工具

当然还有更专业的付费平台飞瓜数据（www.feigua.cn），它不但可以以大数据追踪抖音热点，还可以揭示当下受欢迎的短视频和热门音乐、热门创意。

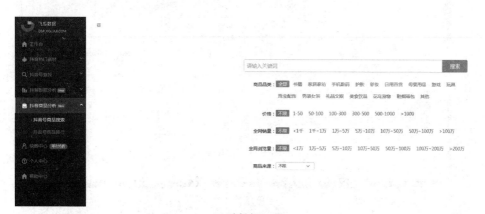

飞瓜数据工具

2. 短视频制作工具

在 PC 端，我们可以选用"快剪辑"这款简单的软件来进行剪辑制作，如

173

果有更高的要求，例如加炫酷字幕、特效，那么可以使用 Adobe Premiere 或 AdobeAfter Effects 软件。

在手机端，我们可以使用美册音乐相册等软件来给短视频加字幕，可以使用乐秀短视频剪辑器。这个 App 专注于小影片的拍摄、编辑，还能够添加滤镜、特效、音乐等，支持高清视频导出。

### 3. 第三方平台

鱼爪网（http://www.yuzhua.com/）是一个虚拟资产交易服务平台，主要提供商标转让、域名转让、网络店铺转让、自媒体账号转让、网站出售等服务。你可以在该平台上直接购买别人的账号，该账号已经有一定的粉丝量，并且通过了橱窗功能审核，价格也不会太贵。想要快速开店并且有一定资金的朋友也可以选择这种形式。当然，你选择的账号一定要和自己产品的定位相符，而且一定要是那种靠内容而不是靠人设获取粉丝的账号。

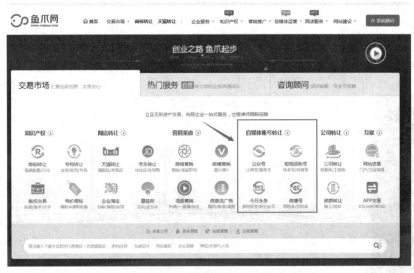

鱼爪网

同时，你也可以在这里寻找一些相关的抖音号帮你的产品做推广，或一起合作卖货。